華羅庚

嗨！有趣的故事

Hi! Story

徐魯

中華教育

【出版說明】

在文字出現以前，知識的傳遞方式主要就是語言，靠口耳相傳的方式記錄歷史與情感表達。人類的生活經歷、生命情感也依靠著「說故事」來「記錄」。是即人們口中常說的「傳說時代」。然而文字的出現讓「故事」不僅能夠分享，還能記錄，還能更好、更廣泛地保留、積累和傳承。

《史記》「紀傳體」這個體裁的出現，讓「信史」有了依託，讓「故事」有了新的準則：文詞精鍊，詞彙豐富，語言精切淺白；豐富的思想內容，不虛美、不隱惡。選擇人物一生中最有典型意義的事件，來突出人物的性格特徵，以對事件的細節描寫烘托人物的情感表現，用符合人物身份的語言，表現人物的神情態度、愛好取捨。生動、雋永而又情味盎然。

「故事」中的人物和事件，從來就是人類的「熱門話題」。她是茶餘飯後的趣味談資，是小說家的鮮活素材，是政治學、人類學、社會學等取之無盡、用之不竭的研究依據和事實佐證。

中國歷史上下五千年，人物眾多，事件繁複，神話傳說與歷史事實並存，正史與野史交錯互映，頭緒繁多，內容龐雜，可謂浩如煙海、精彩紛呈，展現了中華文化的源遠流長與博大精深。讓「故事」的題材取之不盡，用之不竭。而其深厚的文化底蘊如何呈現，怎樣傳承，使之重光，無疑成為《嗨！有趣的故事》出版的緣起與意趣。

《嗨！有趣的故事》秉持典籍史料所承載的歷史精神，力圖反映歷史的精彩與真實。深入淺出的文字使「故事」更為生動，更為循循善誘、發人深思。

《嗨！有趣的故事》以蘊含了或高亢激昂或哀婉悲痛的歷史現場，以對古往今來無數先賢英烈的思想、事蹟和他們事業成就的鮮活呈現，於協助讀者不斷豐富歷史視域和深度思考的同時，不斷獲得人生啟迪和現實思考、並從中汲取力量，豐富精神世界，在實現自我人生價值和彰顯時代精神的大道上，毅勇精進，不斷提升。

【導讀】

華羅庚是世界著名的數學家。

華羅庚小時候家境貧寒，初中剛讀完就不再上學，在家幫助父親打理小雜貨鋪。

剛剛十五歲的華羅庚對數學有著強烈的興趣，而且勤奮好學。有一個流傳甚廣的故事，講述少年華羅庚從一本《大代數》、一本《解析幾何》和一本從老師那兒摘抄來的只有五十頁的《微積分》開始，踏上了通往數學勝境的崎嶇道路。

為了抽出時間學習，他每天聞雞起舞，早早起來溫習數學。當隔壁鄰居家剛剛響起早晨磨豆腐的聲音的時候，華羅庚已經就點著油燈看書多時了。

這段日子，父親時常會發現，華羅庚看書看得入了迷，竟然忘記了接待來店鋪買東西的客人。這樣的事多了，父親就很生氣，有幾次氣得把華羅庚演算用的紙丟進了火爐裏，燒了。

曾有記者問華羅庚，當初為什麼選擇數學自修之路，他說：「我別無選擇。學別的東西要到處跑，或者還要一些設備條件，這些我都不可能擁有。我選定自修數學，是因為它只需要一枝筆、一沓紙就可以了，不需要任何設備。」

一九三〇年，華羅庚的一篇數學論文在上海《科學》雜誌上發表。著名的數學大師、清華大學算學系系主任熊慶來先生正好看到了這篇文章。熊慶來不愧為目光如炬的教育家和科學家，他一眼就看出了這篇論文散發出的獨特魅力和奇光異彩，而且「不拘一格」，把只有初中畢業文憑的華羅庚從江南小鎮聘請到了清華大學，讓他擔任了算學系助理員，負責收發信函、打字、保管圖書資料等工作，空閒時可以跟各年級的學生一起去教室聽課。這樣，華羅庚一邊工作，一邊繼續自學。

在數學大師身邊耳濡目染，加上華羅庚自己一直有一股勤勉、專注的毅力，他就像魚兒游進了大海一樣，天賦的才華和渾身的力量都得到了釋放。

他進步很快，僅僅兩年後，就被破格提升為助教，繼而又升為講師。後來，善於「不拘一格降人才」的熊慶來，又選送他去英國劍橋大學深造。數年後，也就是在一九三八年，華羅庚學成回國，任西南聯大教授，當時年僅二十八歲。

一九四九年十月一日，中共建政。正在美國講學、進行科學研究的華羅庚，聽到這個消息後，決定回到中國。

華羅庚對自己的親人說：「美國再富裕，科學再先進，終究是美國的。中國雖然貧窮，但她是生我養我的地方。我要和全國人民一起艱苦奮鬥，使國家富強起來。」美國方面千方百計阻撓華羅庚回國。最終華羅庚衝破了重重阻礙，繞道香港，回到了中國。

華羅庚是一位富有家國情懷的知識份子，也是一位為國家乃至全世界的科學事業做出了傑出貢獻的數學大師。

他是中國解析數論、典型群、矩陣幾何學、自守函數論與多元複變函數論等很多方面研究的創始人與奠基者。國際上以華羅庚的姓氏命名的數學科研成果有「華氏定理」和「華氏不等式」等。他和數學家王元合作，在近代數論方法應用研究方面取得的一項重要成果，也被命名為「華—王方法」。

華羅庚畢生以熱愛科學、勤奮學習、不求名利的精神，獻身於他所熱愛的數學研究，獻身於國家和人類的科學事業。

那麼，就讓我們從他少年時代的那個小小雜貨鋪和那個閃耀著橘黃色燈光的小閣樓說起吧……

目錄

閣樓上的燈光

金黃的月亮，悄悄隱進了雲層裏，星星好像也困倦得眨起了眼睛。

夜，很深很深了。安靜的小街上，窄窄的石板路反射著暗光。

一位賣湯圓的老爺爺，挑著擔子，漸漸消失在小街盡頭……

只有那個臨街的小店鋪的閣樓上，還亮著橘黃色的燈光。燈光看上去那麼微弱，又那麼明亮，透過一扇小窗投射出來。

小小的油燈旁，華羅庚正在埋頭摘抄一本名叫《微積分》的書，這是他從數學老師那裏借來的一本神奇的書。

書上的每一頁，都寫滿了奇怪的演算公式和數學符號。在華羅庚看來，它們像最美的詩句、最精彩的童話一樣迷人。

梆，梆梆……

小街上傳來巡夜的更夫有節奏地敲打竹梆子的聲音。

一聽聲音就知道，已到五更天了。公雞快要打鳴了，天也快要亮了。可是，華羅庚一點兒睡意也沒有。

燈光愈來愈暗，燈盞裏的豆油快要點完了。華羅庚放下抄書的筆，揉了揉眼睛，一頁一頁欣賞著自己抄寫的那些數學公式。

這時候，從對門鄰居家傳來大清早起來磨豆腐的聲音……

「早呀，羅庚哥哥，你又熬夜了吧？」

每天大清早，鄰居家那個小女孩，總是揮著小手，第一個向他問早安。

「你也早呀，小玲玲！真是個勤快的小妹妹，每天這麼早起來幫媽媽磨豆腐！」

華羅庚推開小閣樓的窗戶，和小女孩說著話。

「嘻嘻，早起的鳥兒有蟲吃！你更勤快呀，每天都用功到深夜。一會兒來我家吃豆腐腦吧。」小女孩一邊忙活，一邊說。「我又給你撿回了一些舊紙張喲！」

是呀，華羅庚現在最喜歡、最需要的東西，就是——紙。

因為家境貧寒，華羅庚剛剛讀完初中就不再上學了，在家裏幫爸爸打理小雜貨鋪。

可是，他太喜歡讀書了，尤其是數學。

爸爸買回來給顧客包東西用的舊紙張，都被他用來做演算了。只要一做起數學演算來，他就忘記了周圍的一切，有時就連來店鋪買東西的客人也不管。

這樣的事多了，爸爸就很生氣。

有好幾次，爸爸氣得把華羅庚演算用的一大沓算舊紙張撕碎了，丟進了火爐裏。燒了。

每當這個時候，華羅庚心裏都好難受啊！

他知道，爸爸開這個雜貨鋪很不容易，全家人都靠這個小雜貨鋪過日子呢！

不過，爸爸很快也懊悔了。

夜深人靜的時候，爸爸躡手躡腳地探頭到小閣樓上，看到兒子在微弱的燈光下聚精會神地用功讀書，他是多麼心疼啊！

爸爸輕輕地給兒子披上一件單衣，說：「不早了，睡一會兒吧，別把眼睛熬壞了！」

「不要緊，爸爸，」華羅庚揉了揉疲倦的眼睛，低下頭說，「對不起，爸爸，是我不好，沒有看好店鋪……」

「孩子，爸爸沒念過多少書，你天天在紙上演算的那些東西，真的……有用嗎？」爸爸試探著問道。

「當然啦，咱們中國老早就為人類的數學做出了巨大的貢獻，像《周髀算經》、《九章算術》，還有《孫子算經》，都是古代文明的一部份，也是世界上有名的數學著作呢！」

華羅庚說起數學來，比對小雜貨鋪裏那些貨品要熟悉多了。

「唉，都怪爸爸，沒有能力供你繼續念書啊！」爸爸歎著氣，輕輕拍了拍兒子的肩膀。有一天，爸爸從外面進貨回來，遞給華羅庚一個用舊報紙包裹的紙包，說：「你看看，這個……對你有沒有用？」

這是一本破舊的數學書，書名叫《大代數》。

深藍色的封面有點捲了，可是在這個少年看來，它湛藍得就像美麗的大海，也像深邃的夜空。華羅庚雙手捧著這本書，就像捧著一個珍貴的寶瓶。

又到深夜了。像寶石一樣的星星，在小閣樓上空，在靜靜的小城上空，閃耀著……

星星們好像在注視和陪伴著那個閃爍著橘黃色燈光的窗口。

安靜的小街上，窄窄的石板路仍然反射著暗光。

那位賣湯圓的老爺爺，又挑著擔子，漸漸消失在小街盡頭……

哦，那個名叫玲玲的小女孩，也站在小街對面的屋簷下，遠遠地望著燈光閃爍的小閣樓。

華羅庚埋頭演算的影子，清清楚楚地映在窗戶上……

金黃的月亮像一隻小船，慢慢地搖進了雲層裏。

爸爸的雜貨鋪

華羅庚出生和成長在金壇這座小縣城，它位於江蘇省西部，太湖以西，茅山東麓。

據說，茅山一帶有座山叫金壇，這兩個字在人們看來十分吉利，就被用作了縣名。

金壇縣雖然面積不大，但是因為瀕臨浩瀚的太湖，縣城南邊還有碧波蕩漾的洮湖，縣城內外河網交錯，水陸交通十分方便。金壇縣土地肥沃，盛產米糧和蠶絲，是江南有名的魚米之鄉，也被譽為鑲嵌在美麗富庶的江南原野上的一顆明珠。

小城裏有一座年代久遠的石拱橋，叫清河橋。

華羅庚家的那個小雜貨鋪，就在清河橋下面。

華羅庚的爸爸名叫華瑞棟，街坊鄰居都親切地稱他「華老祥」。

華老祥原本是鄰縣丹陽人，曾經在丹陽經營過一個小絲綢店。不幸的是，後來因為一次意外失火，小絲綢店被燒成了灰燼。

這場大火不僅奪走了華老祥的全部家當，也幾乎焚燬了這個一向本本份份、兢兢業業的老實人對生活的希望。

所幸的是，他咬緊牙關，從灰燼中重新站了起來。

後來幾經輾轉，華老祥來到金壇落戶，在清河橋下重新開了一個小雜貨鋪，取名「乾生泰」。

華羅庚的童年，就在這座小石橋下，在這個小小的雜貨鋪裏，安靜而寂寞地度過。

因為這一帶鄉下有很多桑田，農人們擅長養蠶繅絲，所以小鎮上、縣城裏經營蠶絲生意的人也不少。

每年蠶絲上市的季節，華老祥會下鄉替人收購一些蠶絲。其餘大部份時間，他就守著小雜貨鋪，賣點普通人家日常生活中不能缺少的針頭線腦、油鹽醬醋、香菸火柴之類的東西。

小小的雜貨鋪，勉強能夠維持一家人的生計。

在華羅庚出生前，華家已經有了一個女兒，名叫蓮青。可是，在那個重男輕女的時代，華老祥多麼想能有一個兒子啊！

一九一〇年（清宣統二年）十一月十二日，伴隨著一陣響亮的啼哭聲，一個男嬰降生了，給平日裏總是愁眉苦臉的華老祥帶來了新的希望。

這一年華老祥四十歲，可以說是老來得子。

他內心的喜悅，他在後來的日子裏對這個兒子寄予的無限疼愛和希望，是任何語言都無法形容的。

該給孩子取個什麼吉利的名字呢？

遵照當地的習俗，華老祥拿來一只籮筐，象徵性地在小寶貝身上扣一下。原來，當地民間傳說，小孩子出生後用籮筐扣一下，寓意「把根留住」，可以辟邪消災，大吉大利，長命百歲。

「籮根，籮根，」華老祥念念有詞地說道，「籮羅同音，就給孩子取名『羅庚』吧！」

小羅庚是華家姍姍來遲的獨生子，爸爸、媽媽和姊姊對他疼愛有加，百般呵護。

可是，華羅庚年幼的時候，卻遭遇過驚險的一幕，以至於全家人每次想起來都心有餘悸。

事情發生在小羅庚三歲那年。

快到年關了，一天，媽媽抱著小羅庚，坐著一輛人力推車，回丹陽老家去拜訪親戚。

那天正趕上雨夾雪的天氣，道路泥濘濕滑，很不好走。

人力推車走上一座小橋時，因為車伕沒有踏穩步子，一不小心就連人帶車滾到橋下的河裏去了。

「快來人哪！救命啊……」

媽媽驚恐地喊叫著，在冰冷的水中拚命掙扎著，把小羅庚托舉到河面上。小羅庚也嚇得哇哇大哭著。

「快來救救我的孩子……」媽媽已經嗆了好幾口水，一直在用力掙扎著。

就在這時，那個車伕拚命游到了小羅庚和他媽媽身邊，奮力把母子二人推上了岸。

「這是老天在保佑啊！給我們華家保住了這條命脈啊！」

經歷了此次大難之後，原本平日裏就喜歡求神拜佛的媽媽，更加虔誠了。留在小羅庚童年記憶裏的媽媽，經常雙手合十，祈求兒子和一家人平安。

金壇縣城東門外的青龍山上有一座小廟。每年開春時節趕廟會的時候，人們就會把廟裏的菩薩「請」下山來。華羅庚十歲那年廟會，菩薩又被請下山來，小羅庚也跟著姊姊蓮青擠在人群裏看熱鬧。

「姊姊，你說菩薩真的能保佑人們平平安安嗎？我就不信！」

小羅庚一邊看熱鬧，一邊跟姊姊嚷嚷著說。

「不要亂講，羅羅！」姊姊趕緊捣住華羅庚的嘴，自言自語道：「菩薩大慈大悲，莫要怪罪我弟，他還是個不懂事的小孩……」

姊姊像爸爸、媽媽一樣，對弟弟也是疼愛得不得了，生怕弟弟有個什麼閃失。

可是，等到廟會散了的時候，姊姊突然發現，不知道什麼時候，弟弟已經不見了。

這還得了！姊姊急得快要哭了。

她跑回家裏尋找，發現弟弟並沒有回家。

爸爸媽媽一聽，也頓時都慌了神，分頭上街尋找小羅庚去了。

蓮青跑到站崗的巡警那裏問：「你見到我弟弟羅羅了嗎？」

「沒有啊！不過金壇就這麼大個地方，你放心吧，丟不了的！」巡警安慰蓮青說。

這時候，天快要黑下來了，大街小巷都冷冷清清的。

「會不會是去河邊玩，又掉到河裏去了？」想到這裏，姊姊害怕極了，不敢再往下想了，難過得大哭了起來。

等到晚飯都已經涼了，滿天的星斗升起的時候，小羅庚竟然哼著兒歌，嬉笑著回到了小雜貨鋪裏。

「小祖宗，你這是跑到哪裏野去了？你這是想要我的老命是不是？」華老祥見兒子回來了，真是又喜又氣。

「羅羅，你怎麼能一個人跑掉呢？你可把阿媽和阿爸急死了！」姊姊蓮青這時候也從外面回來了，她驚喜地抹著眼淚，拍打著羅庚說，「廟會早就散了，你到底跑到哪裏玩去了？」

「阿姊，阿媽，我到青龍山的廟裏去了。你們這下子可以明白了，那個菩薩是假的，是人裝扮的！」

小羅庚獨自離開姊姊和看熱鬧的人群，原來是去探究自己心中的一個疑問去了。

「阿媽，你往後也不要給菩薩磕頭了！」

「哎呀，罪過啊，小孩子家懂得什麼？莫要胡說八道！」阿媽和阿爸趕緊訓斥羅庚說，「你要記住，你的小命，就是救苦救難的菩薩保佑才保住的！」

小羅庚的這次「行動」和「發現」，雖然並沒能改變阿爸、阿媽和阿姊的迷信心理，但是卻讓他從此明白了一個道理：

要想探究清楚一些事情的真相，必須自己去親眼見證。

華羅庚在童年時代，總是喜歡「呆頭呆腦」地想問題，小小年紀，好像裝著無數的心事。

有時候，他獨自站在小河邊，或者是在小雜貨鋪的櫃檯前，想啊想……他沉浸在自己的想像和心事裏，有時都忘了和來小店裏買東西的人們打招呼。

這樣的事情多了，街坊鄰居，還有一些小夥伴，就給他起了個綽號，叫「羅呆子」。

他的小學時光是和阿姊蓮青一起，在金壇縣城小南門外的仁劬小學度過的。小學一畢業，姊姊就不再讀書了，因為在那個年代，女孩子認識幾個字、能記一點兒簡單的賬就可以了，不興念太多的書。

更何況，那時候還有「女子無才便是德」的傳統陋習在作怪！

但是男孩子就不一樣了。華羅庚家裏的經濟狀況雖然比較窘迫，但是全家人哪怕省吃儉用，也會讓華羅庚繼續求學念書。

望子成龍，也是華老祥內心最大的希望。

一九二二年，華羅庚進入了新開辦的金壇縣立初級中學繼續念書。

誰也不知道，這個從小小雜貨鋪裏走出來的少年，此時已經悄悄踏上了日後成為一位世界級數學大師的道路……

幸運的遇見

金壇縣的歷史上，出過不少歷史和文化名人，如唐代詩人儲光羲、戴叔倫，明代醫學家王肯堂，清代學者、書法家于敏中，清代學者、《說文解字注》的作者段玉裁，近代法學家楊兆龍，等等。

現代著名文學翻譯家、教育家王維克先生，也是金壇人。

一九〇〇年（清光緒二十六年），王維克出生在金壇縣馮莊村。他比華羅庚大十歲，是對華羅庚的一生產生過巨大影響的人。

王維克的父親是清代的一位秀才，當過私塾老師，王維克從小就受到了良好的家教。十七歲的時候，他考入了當時有名的南京河海工程專門學校（今河海大學前身），與張聞天、沈澤民等成了大學同學。在五四運動的浪潮中，王維克懷著一腔愛國熱情，積極地投入宣傳，被學校開除。之後，王維克進入上海大同大學學習數理專業，畢業後又到震旦大學專修法語。

一九二五年，他與一些同學一道赴法國留學，在巴黎大學學習數學、物理和天文學。正是在這個時期，他有幸成了偉大的女科學家、曾兩次獲得諾貝爾獎的居里夫人的中國學生。

居里夫人逝世時，王維克曾在上海的報紙上發表過一篇文章〈憶我的老師居里夫人〉，表達了自己對居里夫人深深的懷念之情。

除了數學、物理和天文學，王維克還十分愛好文學，喜歡翻譯工作。

他用散文體翻譯的義大利詩人但丁的經典名作《神曲》，直到今天仍然被文學翻譯界津津樂道。

此外，他還翻譯過印度史詩《沙恭達羅》以及《法國名劇四種》、《法國文學史》，還有俄國作家屠格涅夫的散文詩集、比利時劇作家梅特林克的名劇《青鳥》等。

一九二八年，王維克學成歸國，先是在上海的中國公學擔任教授，第二年，因為他回金壇成婚，家鄉人就挽留他，在本地擔任了金壇縣立初級中學校長。

在那個年代裏，能在當地擔任小學、中學校長的人，社會地位和名望都很高，被稱為「鄉賢」，備受人們尊重。

其實，早在五六年前，也就是一九二三年，王維克就在家鄉的這所學校當過教員。當時學校剛剛開辦起來，華羅庚成了縣立初級中學的首屆學生之一。

華羅庚剛邁進初級中學大門那會兒，玩性挺大，學習上不太用心，但是仍然喜歡獨自待在一邊，看上去呆呆傻傻的樣子。

其實他的小腦袋瓜裏，總是裝著很多問題。

那時候他的字也寫得歪歪扭扭的，像小螃蟹在滿地爬一樣。

有一位老師看了他寫的作業，就搖搖頭、歎歎氣說：「我看這個小呆子啊，是很難有什麼前途喲！你們看他寫的字，簡直像小螃蟹在泥地上爬過時留下的腳印。」

有的老師還說：「也許，這個孩子是被他阿爸、阿媽寵壞了！」

但是，有一位老師卻不這麼看，他就是王維克。

王維克笑著說：「不錯，華羅庚的字寫得確實不怎麼好看，從這一點看，這個孩子將來成為書法家的可能性很小，但是，不知你們發現沒有，他在數學方面的天賦超過其他的孩子，很有培養前景呢。」

「哦？真的嗎？」有的老師瞪大眼睛說，「願聞其詳。」

王維克說：「剛開始時，我也和諸位先生的看法一樣，認為他的字寫得歪歪扭扭，橫七豎八的，數學作業也常常留下不少亂塗亂改的痕跡。可是，後來我仔細一對照，慢慢地看出了一些端倪，原來他那些塗塗改改的地方，正好顯示出了他在解題時想到的多種思路。」

「但是，他的數學成績也並不好呢，考試經常是勉強及格，有時還不及格。」數學老師李月波說。

「不要著急，我們且拭目以待吧，這個孩子肯定有出息！」王維克充滿信心地說道。

「但願這個孩子能如他阿爸華老祥所願，在精打細算方面，不辜負這位老實人的期望。」有個老師說。

華羅庚後來回憶，自己剛進初中那一年，數學成績真的是很不好，他說：「那並不是我冒犯了老師，老師故意不給我及格，不是的，只因為那時候我太貪玩了，沒有好好用功學習，再加上寫試卷總是寫得潦潦草草的，所以這怪不得老師的。」

可是，就是這樣一個曾經讓老師頭疼的孩子，一進入初中二年級，就像突然間變了一個人，頭腦「開竅」了！

他在學習上變得很用心了，尤其對數學，簡直是愈來愈入迷了。

王維克老師看在眼裏，暗暗地露出了滿意的微笑。

李月波老師也因勢利導，總是鼓勵華羅庚不斷地進步。

有時候，華羅庚在數學課堂上提出的一些新的解題思路和方法，讓李月波老師都感到吃驚。

很快，華羅庚的數學成績就飛躍到了全班第一名。

許多年後，華羅庚在寫給家鄉中學的一封信中，這樣寫道：「月波老師是一位難得的好教師，是他引導和培養了我對數學的興趣，是他為我在初中三年打好了數學基礎，使我得以自學數學，並以之作為一生追求和奮鬥的目標，我很感謝他。」

當然，對他的學業影響更大的人，是王維克老師。

王老師就像一位善於發現千里馬的伯樂，是他最早看到了華羅庚身上閃耀出來的奇光異彩。

他賞識華羅庚的數學才能，鼓勵他勤奮學習，刻苦鑽研。他還特意叮囑華羅庚：「不要不好意思，你可以經常來我這裏借書看，遇到什麼不懂的地方，可以隨時來問我。」

在初中階段遇到了王維克、李月波這樣循循善誘的老師，對華羅庚來說真可謂是幸運的遇見。

恩師

二十世紀二〇年代初，全世界的科學發明、科學理論探索和科學技術，正在悄悄地進入飛速發展期。

這時候，愛迪生已經發明了電燈和留聲機；愛因斯坦提出了偉大的相對論；居里夫人發現了稀有的鐳……

在數學領域裏，那個已經困擾數學家們兩個多世紀的著名的「哥德巴赫猜想」，在進入二十世紀二〇年代後，也開始有了一些進展。

早在十八世紀，一七四二年，德國數學家哥德巴赫發現，許多大於2的偶數，都可以寫成兩個質數之和（命題「1＋1」）。

那麼，是否所有的偶數都是如此呢？

哥德巴赫對許多偶數進行了檢驗，果然都與自己的猜想一致，但他卻無法證明這一猜想。

他寫信給當時世界上最權威的瑞士數學家歐拉求教，歐拉回答他說：「這個猜想肯定是個『定理』，但我也無法證明它。」

一直到歐拉去世，這個猜想仍然沒有得到證明。不過，這時候它已經引起了全世界數學家的關注和重視，許多人都想證明它。

然而，經過二百多年的探索，卻沒有一個人能找到證明這個猜想的途徑。

直到一九二〇年，挪威的一位數學家布朗，從一種古老的數學方法——「篩法」中，找到了證明這一猜想的思路，並用這種方法證明了每個充份大的偶數均可表示為9個質數之積與9個質數之積的和（命題「9＋9」）。

這時候，華羅庚還在上小學。

之後的幾年間，世界各國的數學家紛紛採用「篩法」，去證明「哥德巴赫猜想」，並陸續取得進展，使這個著名的數學之謎的包圍圈愈來愈小。

一九二四年，有一位名叫拉德馬哈爾的數學家，又悄悄往前邁進了一步，他證明了「7＋7」。

當然，隨著包圍圈愈來愈小，證明的難度也愈來愈大了，以至於數學家們有了這樣的說法：自然科學的「皇后」是數學，數學的「皇冠」是數論，而「哥德巴赫猜想」，就是那「皇冠上的明珠」。

可是，就在全世界的數學家都在矚目那顆「皇冠上的明珠」的時候，華羅庚——我們未來的數學家，卻因為家庭經濟窘迫，被迫中斷了學業，回家了。

於是，就出現了我們在前面故事裏看到的，深夜小閣樓上的燈光所映照的一幕幕情景……

不過，華羅庚雖然不能繼續上學，只能在家幫助爸爸打理小小的雜貨鋪，但是他對數學的興趣卻與日俱增。

在這期間，華羅庚成了王維克老師家的常客。

王維克把他當作自己的孩子，家裏的各種書籍，華羅庚可以隨意翻看和借閱。王維克的薪水雖然也比較微薄，但有時候還是會接濟華羅庚。

「羅庚，千萬不要灰心啊，你還年輕呢！等家裏的條件好些了，我們再找機會，繼續完成學業。」

王維克一邊安慰和鼓勵華羅庚，一邊暗地裏為華羅庚發揮他的數學天賦尋找機會。有了王老師的幫助和鼓勵，華羅庚不僅對數學的興趣愈來愈濃，而且漸入佳境，鑽研的深度遠遠超出了一個初中生的水準。

有一次，華羅庚從王維克那裏借到了一本美國數學家寫的微積分教科書。讓王維克頗感驚訝的是，華羅庚只借了十天就還回來了。

「羅庚，數學是一門有著嚴謹邏輯性的學科，來不得半點馬虎，不可以跳著看啊！這樣吧，我提幾個問題，你說說看。」

王維克翻著書，提出了幾個比較刁鑽的問題。

結果，華羅庚都極為流暢地答對了。

王維克暗暗稱許。

王維克看在眼裏，鼓勵他說：「有些數學知識，包括一些考試題，我看你不必在這上面再費時間了。顯然，能考住你的問題，其他人做不出來；能考住別人的問題，又不值得你去做了。」

「老師，那我該怎麼辦啊？」華羅庚有點迷惘地問道。

「我給你擬一個論文題目，你去做吧。你的數學能力，我心中是有數的。你按照自己的思路，去做這篇論文吧。」

幾天後，華羅庚又興匆匆地來到王維克家裏，送來了他寫的一篇論文。論文共有兩頁，題目是〈福爾瑪（又譯費馬）最後定理之證明〉。王老師一看，華羅庚論證的，竟然是數論中一道世界著名的難題。

「羅庚，你的膽子可不小啊！」王維克一邊讀論文，一邊說道，「福爾瑪提出的定理，是一個世界著名的數學難題，要想最後證明它，可不是一件輕而易舉的事。」

「我覺得我可以證明它！」華羅庚自信滿滿地說道。

「據我所知，這位法國大數學家去世後，人們發現他在一部數學鉅著的扉頁上，留下了不少的筆記，其中有對後來者的忠告和期望，也有至今仍然未解的數學難題。你想要證明的福爾瑪這條定理，正是十七世紀以來，許多大數學家絞盡腦汁也仍然沒有解決的問題。」

王維克一邊說著，一邊看完了這兩頁論文。

華羅庚滿臉期待地望著王維克，希望聽到老師的肯定。

不料，王維克卻神色嚴肅地說道：「羅庚，你想想，要是每一道世界難題都能像你這樣輕易地證明，那也就不能稱其為世界難題了！如果要我給你一個評判的話，我只能說，你的證明所依據的公理似是而非，所以，你的結論也就無法成立！」

王維克三言兩語就讓乘興而來的少年在真理面前低下頭來。

「羅庚，荀子的〈勸學〉，我給你們講過的：『不積跬步，無以至千里；不積小流，無以成江海。騏驥一躍，不能十步；駑馬十駕，功在不捨。鍥而捨之，朽木不折；鍥而不捨，金石可鏤。』數學是一門深奧的大學問，要想在這個領域有成就，還是要學一學蚯蚓的智慧，『蚓無爪牙之利，筋骨之強，上食埃土，下飲黃泉，用心一也』，可不要像那雖『六跪而二螯』卻『用心躁也』的螃蟹呀！」

王維克的一席話，讓華羅庚懂得了在學術道路上應該循序漸進、沒有平坦的捷徑可走的道理。華羅庚把老師的諄諄教導牢牢地記在了心裏。

「我還是那句話，羅庚，不要灰心，失敗是成功之母嘛！」王維克拍了拍華羅庚的肩膀，又補充說：「德國有位大數學家，名叫希爾伯特，他生前最後一次參加國際數學會議時，給後人留下了二十三道數學難題。只要你對這些世界難題有興趣，敢於去碰這些硬釘子，敢於去給這些極不容易打開的鎖，尋找新的鑰匙，我相信你一定會有收穫的！」

二十三道世界難題！此時，在華羅庚的心中，那些世界難題對他充滿了巨大的吸引力和誘惑力。

等著我吧，你們這些難題……他當然沒有說出口來，而只在心裏這樣想。

王維克老師出任金壇縣立初級中學校長之後，有一陣子還讓華羅庚回到學校，擔任了會計，兼給初中補習班的學生補習數學。

在那個思想觀念還比較封閉、習慣於因循守舊的小縣城裏，王維克的做法，遭到了許多人的非議。他們向縣教育局局長告狀，說王維克任用僅初中畢業的「不合格人員」，是對中學教員這個稱號的冒犯和不敬。

於是王維克憤然辭職，離開金壇，受聘到湖南大學執教去了。

一九六一年十月，已經成為世界著名數學家的華羅庚，在南京參加一次數學工作者座談會時，這樣對人說過：「王維克先生是我數學成績的第一位賞識者。我這位中學老師，不僅數學好，而且在物理學、天文學方面造詣也很深，並且是一個有成就的翻譯家。」

王維克先生後來也這樣說過：「我對羅庚所起到的作用，只是引他入門，我從來不像奶孩子一樣，把他一灌一個飽，也不是將食物嚼爛了餵給他吃。我只是想法引起他想吃一樣好東西的興趣。或者說，我只是讓他明白了什麼是口渴的感覺，然後讓他自己去尋找通往泉水的道路。我也不抱著他走，而是讓他自己摸索著走，偶爾在拐彎處給他提示和指引一下而已。」

王維克先生不僅是華羅庚的恩師，也是華羅庚的知音，是第一位發現並極力維護和賞識華羅庚數學才能的人。

獨立與挫折

在華羅庚念中學的那個時代，雖然也有文科、理科的劃分，但那個時候的教育講究的是「通識」與「博識」，許多像華羅庚這樣的科學家，往往是「全才」，填詞寫賦，吟詩作對，皆能文采斐然。

有一次，國語老師出了一個比較特別的作文題目：「周公誅管叔論」。這個題目涉及中國古代的一些歷史人物和事件。

管叔，姓姬，名鮮，是周文王的兒子、周武王的同母弟弟。周武王滅了商朝，建立周朝後，把管叔鮮封在管地，建立了管國。

不久，周武王死了，由他的兒子周成王繼承了王位。可是，因為周成王年幼，周成王的叔叔周公旦就出面協助治理朝政。管叔鮮因為不滿周公旦攝政，就聯合他人發動了叛亂，結果叛亂失敗，管叔鮮被周公旦誅殺，管國的封地也被收回了。

這就是歷史上有名的「周公誅管叔」的故事。

周公是古聖先賢，人們往往從正面去肯定他的所作所為，但華羅庚卻在作文中寫出了對周公所為的不同看法，認為周公的做法是「攝政」，算不上什麼光明正大。

結果，國語老師看了華羅庚的作文後，不僅大為惱火，還在課堂上斥責華羅庚道：「周公，乃聖人也，你這黃口小兒，好不狂妄，竟然大言不慚，如此妄議古代聖賢！」這位國語老師是一位清末的秀才，思想較為保守。對華羅庚的作文頗有獨立思考的想法，顯然無法接受。

還有一次，這位老秀才把自己收藏的胡適的書分發給學生，讓大家讀了之後，每人寫出一篇讀後感。

華羅庚分到了一本胡適的白話詩集《嘗試集》。胡適自認為他的白話詩是成功的嘗試，頗有一點兒自信和得意，還在《嘗試集》的序文裏，用舊體詩的形式寫了四句白話詩：

「嘗試成功自古無」，

放翁這話未必是。

我今為下一轉語：
「自古成功在嘗試。」

華羅庚讀了序文裏的這四句詩，就想：陸放翁說的意思是「一試成功」自古無，胡適說的意思是只有嘗試才能成功，這是兩個不同的概念，各有各的道理。而胡適拿他自己的概念，去否定陸放翁的概念，這是邏輯混亂。

於是，華羅庚就在自己的讀後感裏，提出不同的看法反駁了這位大名鼎鼎的胡適。華羅庚寫道：「胡適序詩邏輯混亂，狗屁不通，不堪卒讀！」然後他把文章交給了老師。

那位老秀才一看華羅庚的讀後感，不禁又火冒三丈，跳腳嚷道：「褻瀆斯文，狂妄至極！孺子不可教也，不可教也！」

惱怒之下，這位國語老師給了華羅庚四個字的批語：懶人懶話！

從此，在這位「老學究」眼裏，華羅庚成了頑劣不堪的學生。

沒想到，許多年過後，一九四六年，當華羅庚已經成為著名數學家和大學教授，有機會回金壇看望老師們時，這位國語老師竟然一反常態，對華羅庚說：「羅庚啊，我可是早就看出，你那時候每每作文就氣度不凡，文章從來不落窠臼！」

這話說得其實也對。華羅庚那時候每次作文都不盲從流俗，也不迷信權威，喜歡表達自己獨立的思考和見解，確實是不落窠臼。

許多年後，華羅庚在一首詩中回憶了自己的成長經歷，也抒發了這樣的感悟：

神奇妙算古名詞，師承前人沿用之。
神奇化易是坦途，易化神奇不足提。
妙算還從拙中來，愚公智叟兩分開。
積久方顯愚公智，髮白才知智叟呆。
埋頭苦幹是第一，熟練生出百巧來。
勤能補拙是良訓，一分辛苦一分才。

一九二五年夏季，華羅庚以全班第二名的成績，從金壇縣立初級中學畢業。

因為家境貧寒，生活窘迫，爸爸無力供他繼續上學念書了，華羅庚也想盡早找點謀生的出路，至少能學點技能，掙點薪水，幫助爸爸養家餬口。於是，他就悄悄報名，一舉考取了上海中華職業學校。

他想，如果能從這樣的職業學校畢業，出來後至少可以謀到會計之類的差事。

華老祥愛子心切，只好東借西湊，湊了一點兒學費，把兒子送到了上海。

有一天，數學老師發考試卷子。他先發自認為是好學生的卷子，然後發中等的，最後發的是他認為成績最差的學生的卷子。

華羅庚的卷子被歸到了最後發的卷子裏。

「華羅庚，這麼簡單的題，你為什麼還能答錯？」老師問。

「先生，我只是採用了一種不同的方法而已，怎麼能說是答錯了呢？」

原來，華羅庚這次答題用的是他自己創造的「直接法」，和這個老師照本宣科教的解題方法並不一樣。

華羅庚年少氣盛，大步跨上講台，一面在黑板上寫公式，一面講了自己創造的新解題方法。

華羅庚思路清晰，解題方法也比老師的解法簡捷多了，同學們都認為這個解法更好。

但後來，華羅庚家中實在拿不出學費了，他只好退學，連張文憑也沒拿到，兩手空空地又回到了金壇。

他想盡早出來謀個會計之類的差事、幫助爸爸養家餬口的想法，也落空了。

困頓的日子

華羅庚從上海回到了爸爸的小雜貨鋪裏。

「羅羅，不要再胡思亂想了。」爸爸安慰兒子說。「我老啦，不中用了，往後你就守著這個店，安生地過日子吧，至少不會餓死。」

一段困頓而迷惘的日子，就這樣開始了。

多年以後，華羅庚回憶起這段生活，這樣說道：「那正是我應當受教育的年月，但一個『窮』字，剝奪掉我的夢想，我在西北風口上，擦著清水鼻涕，一雙草鞋一支菸，一把燈草一根針地為了活命而掙扎。」

他就像是一隻渴望展翅飛翔的小鷹，卻被囚禁在了狹窄的竹籠裏。

可是，「少年心事當拏雲，誰念幽寒坐嗚呃」，正是渴望在天上飛的年紀，他哪能甘心就這樣收起和剪掉自己的翅膀？

守在小雜貨鋪的櫃檯後，或枯坐在小閣樓深夜的燈光下，一本《大代數》，一本《解析幾何》，還有一本薄薄的只有五十頁的《微積分》小冊子，成了這個孤獨少年身邊「無聲的友伴」。

他不知道已經把它們翻閱了多少遍。

似乎只有在翻閱這些書的每一章、每一頁時，他才感覺到一絲喜悅和激動。

他的耳邊沒有音樂。

那些數字、公式、符號，就是他心中的音樂。

他的身邊也沒有圖畫。

那些幾何圖形、演算公式和各種曲線，就是他心中最美的圖畫。

他在極度的孤獨和困頓中，開始了頑強的自學生涯。

那時候，金壇這個小縣城也沒有圖書館，要想借到一本高等數學方面的書，簡直不可能。

恩師王維克先生家裏有幾種數學書，都被他看遍了。

這時候他最渴望得到的，不是別的，就是書！可是，在這個小縣城裏，偏偏書最為難得。

這讓他多麼苦惱啊！

他後來這樣感慨：「在人的一生中，進學校讀書，有老師指導當然很好，但時間總是有限的；而不在學校裏讀書，自學的時間卻是經常的；有書可以查閱，能查到自己需要的東西不是經常的，需要經過自己加工，或是靈活運用書本上的知識，甚至創造出書本上沒有的知識，這倒是比較經常的；成功是不經常的，失敗倒是經常的。……現在，因為『窮』，我被迫離開了學校，離開了老師和同學，完全憑自己摸索學知識，我就必須付出比別人多得多的代價，血和汗的代價，才能學會駕馭知識的本領。」

有一年冬天，已經臨近春節了，雜貨鋪外面的小街上飄起了雪花。不一會兒，街道兩邊的屋頂上、牆頭上，還有遠處的小石橋上，都積起了厚厚的一層白雪。整個小鎮，一片銀裝素裹。

這時，一位顧客走進店鋪，一面抖摟掉身上的雪花，一面說：「小阿弟，我買幾支棉線，多少錢一支？」

可是，此時正在全神貫注地做著數學演算的華羅庚，頭也沒抬，手也不停，脫口回答說：「哦，八五三七二九。」

「你說啥？多少錢？」

顧客有點蒙了，一副莫名其妙的樣子。

「沒錯，是八五三七二九！」

「什麼？一支棉線值這麼多錢？」

這時候，華羅庚的爸爸聞聲從櫃檯後面的屋子裏走出來，連忙熱情地招呼著顧客，解釋說：「我這個兒子，看書看得走火入魔了，你不要介意。你是問一支棉線的價錢嗎？」

華老祥真是又氣又惱，等顧客買完棉線走了，他忍不住從華羅庚手裏一把把書奪了過來，大聲地數落道：「照這樣做生意，顧客都要被你氣得走光了。看書，看書，光看這些鬼畫符的書有啥用啊？」

又有一天，一位顧客走進店鋪買東西，還是華羅庚在看守店鋪。

因為心不在焉，他一邊端著書一邊算賬，竟然多找給了那位顧客一塊大洋。

等顧客離開店鋪後，華羅庚才醒悟過來，自己多找給了人家一塊大洋。

對這個平時就賣點針頭線腦、油鹽醬醋的小雜貨鋪來說，一塊大洋，可是一個不小的數目，這還了得！

等到華羅庚跑出去追趕時，那個貪心的顧客早就不見蹤影了，而且心不在焉的華羅庚連他的容貌都沒有打量過。

「這怨不得別人，是你自己算錯了賬，找給人家的嘛！」華老祥歎了口氣說，「完了，再這樣下去，這個雜貨鋪都會賠進去的。」

果然，又有一天，華羅庚正在計算一道題，竟把算題的得數當成顧客應付的貨款，硬是說顧客付的錢還不夠數。

這可著實把那個顧客嚇了一跳。

好在華羅庚最終醒悟過來，原來是自己「張冠李戴」弄錯了。

事後，那個顧客勸華老祥說：「老祥啊，我說句也許不當說的話，其實也是為了你們好。我看你們家羅羅啊，腦子好像出了毛病，還是早點找個郎中給看看才好呢！」

「唉！都怪那些鬼畫符的『天書』，把羅羅的腦子給繞呆了！這樣下去，這日子可怎麼過喲？」

為此，華羅庚和自己老老實實的父親沒少發生矛盾。

「羅羅，你要知道，咱們家可不像人家那樣，書香門第，祖上有狀元保佑！咱是小買賣人家，能平平安安地做點小本生意餬口，就謝天謝地了，你還是腳踏實地得好。」

華老祥有時也這樣勸導兒子。

勸導無效時，華老祥氣不打一處來，也上演過從兒子手上搶書、奪書，甚至一把把兒子那些算草紙扔進火爐的一幕幕。

可是，這些都動搖不了華羅庚的決心。

有一天，父子倆又因為華羅庚看書入迷，耽誤了店鋪生意的事發生了爭執。不過，華老祥這一次卻猶猶豫豫，不再大聲嚷嚷著要燒掉兒子的書了。這是什麼原因呢？

原來，不久前，他在茶館裏喝茶，突然有一顆牙齒掉下來了。華老祥和華羅庚的阿媽擔心是不好的徵兆，從此華老祥再也不動從兒子手裏搶書、燒書的念頭了。

華羅庚成為舉世皆知的數學大師之後，外國的一本數學雜誌上，曾刊登過一幅漫畫，畫的是他父親手持一根燒火棍，正在威脅兒子，要把數學書扔進火爐裏燒掉；華羅庚卻站在一旁，把那本數學書死死地抱在胸前，躲著父親……

華羅庚說，這幅漫畫，比較真實和生動地描繪了他在家自學數學那段日子裏，經常與父親發生矛盾和衝突的情景。

父愛無聲

深沉的父愛，總是默默無言的，它會從父親的目光、談話和舉止，甚至父親的歎息裏，默默地流露出來。所以，一位哲人曾說過，父愛，是和血液一起在血管裏奔流，在心臟裏跳動，遍佈每根神經，充滿身體各部份的……

讓華羅庚的父親徹底改變對兒子癡迷數學的態度的，是一件實實在在的事情，它讓這個一生勤勤懇懇、老老實實的小生意人，終於明白了兒子所癡迷的數學，到底是不是有用處。

秋季裏的一天，華羅庚跟隨父親到金壇鄉下的繭場裏，給人盤點蠶繭收成。華老祥每年這個時節都會來到繭場，替人收一季蠶絲。

繭場院子裏，堆滿了白花花的蠶繭。父親掌秤，兒子監秤，父子倆把該幹的活幹完時，已經是傍晚時分。華羅庚覺得又睏又累，不知不覺就靠在一些貨物上睡著了。

不一會兒，華羅庚就被驚醒了。

這時候，他看見堆放貨物的倉庫裏，黑壓壓地擠著不少蠶農，一個個看上去好像很著急的樣子。

「阿爸，出什麼事了？」華羅庚揉著眼睛問道。

「唉，智者千慮，終有一失！有兩本賬對不上，相差上千塊錢呢！這可怎麼得了！一年辛苦恐怕是白費了！」父親哭喪著臉，唉聲歎氣地說道。

「對不上賬？會不會他們自己算錯了？」華羅庚一邊接過賬本，一邊對大家說，「事情還沒有弄明白呢，你們就這樣垂頭喪氣的，不值得。」

「呵，你這口氣還不小呢！莫非你有什麼神機妙算？」

這時，老闆也覺得大家都擁擠在這裏瞎嚷嚷於事無補，就勸說大家：「天色晚了，你們先吃飯去吧，填飽了肚子再算！」

等大家惴惴不安地走開了，華羅庚跟老闆說了一聲：「讓我來算一遍吧。」說著，他拿起賬本，劈里啪啦地打著算盤算了起來。

看著兒子熟練地打著算盤、核對著賬目的樣子，華老祥覺得，這時候的兒子可一點兒也不呆呢，相反倒是顯得特別靈光。

等蠶農們吃完晚飯，又擁進倉庫的時候，華羅庚已經笑著合上了厚厚的賬本，對大家說道：「你們放寬心吧，賬貨對上了，分文不差！」

「是真的嗎？羅羅，這可不是兒戲啊，上千塊啊，可不是小數目！」

「你們要是不信，你們報數，我打算盤，再重算一遍嘛！」

於是，華羅庚當著大家的面，重新把賬算了一遍，果然是分毫不差，賬貨兩清。

「哎呀，華老祥，真沒想到，你這個兒子還是個『活算盤』哪！誰說羅羅是呆子？那才是睜著眼睛說呆話呢！羅羅，不錯喲！」

「往後再碰到這種事，不用找別人了，就找羅羅給我們算！」

華老祥聽了鄉親們的稱讚，心裏頓時覺得飄飄然的。

那一瞬間，他倒真是有點懊悔自己平時對華羅庚的態度了。原來，兒子的那些鬼畫符一樣的「天書」，真的是沒有白念呢。

華羅庚利用自己的數學專長，在繭場裏糾正了人們在賬務上的誤差，讓眾人信服。這件事很快就在街坊間傳開了。

有一天，縣裏有一個平時也喜歡研究古代算術的人，特意找到了清河橋下的華家小雜貨鋪。

他一見到華羅庚，就掏出一盒火柴，往櫃檯上一撒，笑著說：「年輕人，最近到處都在傳說，你會神機妙算，該不會是什麼『怪力亂神』，或者是『三腳貓』的功夫吧？且讓我來考考你，如何？」

說真的，華羅庚早就在內心裏渴望著這樣的挑戰了，所以他一點兒也不示弱，笑著作了一下揖，說：「您是前輩，請！」

那人一面在櫃檯上擺著火柴，一面念念有詞地說道：

「這些火柴，三根三根地數，最後剩下兩根，五根五根地數，最後剩下三根，七根七根地數，最後剩下兩根，那麼總數該是多少，你能算出來嗎？」

那人話音剛落，華羅庚就乾脆俐落地回答說：「這有何難？總共有二十三根火柴！」

「咦？」那人暗暗吃驚，抬頭問道：「小子，這麼快，你是怎麼算出來的？」

「很簡單嘛！三三數之餘二，七七數之餘二，餘數都是二，因此我想，這道題可以這樣解：三乘七加二等於二十三，用五除之，恰好剩下三，所以二十三就是所得之數了。」

「妙哉！那你是否看過《孫子算經》？」

「這本書我只聽說過，想看，卻沒有找到。我是用自己的『直接法』來計算的。」

「哦，果然是後生可畏！」那個人收起火柴，對華羅庚說道：「我告訴你，這可是《孫子算經》上有名的『剩餘定理』，你小子的聰明勁，直追孫子啊！」

「直追孫子不敢當，那是古代聖賢！不過……」華羅庚說，「如果您能借給我這本《孫子算經》讀一讀，我倒是十分感謝的！」

「區區小事，好說好說。改日你去我那裏一趟取書，我們正好再切磋一番。」

這件事過後，華老祥對兒子簡直有點刮目相看了。

華羅庚後來這樣感慨道：「古時候，有些人想修道成仙，大致採用兩種方法：一種是自己苦修，另一種是吃『金丹』。後一種方法自然是荒唐的，但前者的苦修精神，今人在摸索學習方法時卻可以採用。這種苦修精神，說起來就是『不怕困難，鍥而不捨』。自修是一種比較艱苦的學習方法，但它的優點是無論何人、何時、何地都可以採用。只要我們能按部就班，不懈不怠，繼之年月，它是可以幫助我們達到科學的光輝頂點的！」

一九二七年，華羅庚十七歲了。

男大當婚，女大當嫁，那個時代裏，在小縣城、小鎮上，男女婚配一般都是奉父母之命、媒妁之言。這一年，父母為華羅庚定了一門親事。

華羅庚的姊姊蓮青有位要好的女同學，叫吳筱元，長得俊美端莊，原本是大戶人家出身，可是父親死後，家道很快中落了。

在那個講究門當戶對的時代，如果吳家不是家道中落了，華羅庚家可能無法跟吳家攀上親事。

就在華羅庚十七歲，吳筱元十八歲這年，一頂花轎，跟著吹吹打打的迎親隊伍，把新娘子送進了貧寒的華家，一對年輕人拜堂成親了。

在以後漫長的歲月裏，他們同甘共苦，相濡以沫，互敬互愛，從青年一直走到了白髮暮年……

當然，這都是後話了。

此刻，這一對沉浸在新婚的幸福和喜悅裏的年輕人，哪裏會想到，一連串的變故和劫難正在悄悄地靠近他們……

人生第一課

就在華羅庚成婚後不久，貼在小雜貨鋪裏的大紅「囍」字還沒有褪色，不幸的陰影已經悄悄籠罩了這戶善良的人家。

先是華羅庚的阿媽，因為長期操勞過度，尤其是常年在冰冷的河水裏洗洗刷刷，不幸患上了疾病。

雖然請很多郎中醫治過，但最終還是沒能救回阿媽的命。可憐的阿媽還沒來得及抱上孫兒孫女，就閉上雙眼，離開了人世。

真是「屋漏偏逢連夜雨」，剛剛送走了阿媽，一家人還沒有從悲傷中走出來，一個致命的災難又降臨到了年輕的華羅庚頭上。

當時，可怕的傷寒正在金壇縣流行，這可是令人「談虎色變」的疾病，在當時幾乎是一種不治之症！

華羅庚也不幸被傷寒糾纏上了。

他每天發著四十度的高燒，不是昏迷不醒，就是迷迷糊糊地說胡話。

年老體衰的華老祥哪裏還禁得起這樣的折騰啊！他這時真是叫天天不應，叫地地不靈。他一次次跑到寺廟裏去拜佛求神，甚至滿懷著希望，去給兒子卜卦。

而華羅庚的新婚妻子吳筱元為了給丈夫請醫買藥，不惜把陪嫁衣物、首飾等一趟趟地都送進了當鋪。

金壇當地沒有更好的醫生，為了救華羅庚的命，家裏人只能到蘇州去請醫生，每次要花上四塊大洋。

很快，華老祥為了挽救兒子的生命，幾乎把全部身家都當出去了。

在華羅庚患重病期間，他的恩師王維克先生也幾次登門探望，給華家送來一些資助。王老師安慰吳筱元說：「莫怕，莫怕，讓羅庚安心養病要緊，等身體康復了，一切都會好起來的！月薪我照樣派人送來，他教的課程由我代上！」然而不久，王維克也染上傷寒，臥床不起了。

華羅庚當然也不甘心就這樣被疾病擊倒。

他躺在病床上，用強大的毅力，與死神抗爭著，搏鬥著……

「羅庚，你可不能死啊！哪怕只有一線希望，你也要挺住啊！」年輕的妻子也不斷安慰和鼓勵著華羅庚。全家人拚盡全部的力量，與冷酷的死神搶奪華羅庚的性命……

就這樣，這場可怕的傷寒讓還不到二十歲的華羅庚在病床上躺了整整一年。

雖然最終他的病情有好轉，死神終究沒有奪走他年輕的生命，但是，這場病也給他留下了嚴重的腿疾：兩條腿無力支撐起整個身體的重量，只要直立一會兒，他就控制不住自己的身體，會撲通一下摔到地上去。

不幸染上的傷寒使他左腿關節變形，年紀輕輕左腿就終身殘疾。

「我這身體，怎麼這麼不爭氣啊！這年頭，身體好的人尚且不易謀生，以後我靠什麼養活你們啊？」華羅庚用拳頭捶打著自己的殘腿，心裏真是難過極了。

「你不要這樣說，羅庚，能活過來就是萬幸！」妻子強忍著眼淚，安慰他說。「以後有錢了，再想辦法給你治。我給你找根手杖，往後你就拄著它走路……」

妻子的話給華羅庚增添了生活的勇氣。在後來漫長的日子裏，吳筱元成了他生活和精神上的一根最可靠的「手杖」。

華羅庚曾這樣回憶吳筱元與他相濡以沫的情感：「她是無名英雄，她的作用很大，我的整個工作是跟她分不開的。我倆結婚以後，同甘共苦地度過了許多年，沒有她教養子女和擔負起瑣碎的家務勞動，我就不能全心致力於科學研究工作，也就不會有今天的成就。」

病情稍見好轉的時候，有一天，華羅庚迫不及待地問道：「筱元，上海有信來嗎？」

「還沒有呢，也許，正在路上吧。」

妻子知道，他心中惦念的是他寄給上海《科學》雜誌的一篇論文。

原來，華羅庚染病前，從一位朋友那裏借到了一期《學藝》雜誌，上面刊登了蘇家駒教授的一篇論文，題目是〈代數的五次方程式之解法〉。

蘇家駒先生是當時的一位數學名師，一九二四年畢業於有名的武昌高等師範學校數學系，曾在長沙岳雲中學等學校擔任數學和物理教師。他在教學之餘，潛心鑽研一些數學命題，後來還探索過世界著名的數學難題「費馬大定理」和「哥德巴赫猜想」。

華羅庚細讀之下，發現蘇教授的論文裏出現了一個計算差錯。

華羅庚初生牛犢不怕虎，於是就寫了一篇題為〈蘇家駒之代數的五次方程式解法不能成立之理由〉的論文，指出了蘇文中的差錯和自己的論證理由，然後投寄給了當時上海有名的《科學》雜誌。

這次投稿，也和王維克先生的鼓勵有關係。

王維克給華羅庚講過數學史上一個著名的故事：

十九世紀二十年代，有一位名叫阿貝爾的挪威青年，喜歡鑽研數學問題，而且不迷信權威，敢於創新，表達自己獨立的推斷。

據說，阿貝爾頗有創造性地寫出了一篇題目是〈五次方程代數解法不可能存在〉的論文，興匆匆地送給德國數學大師、有著「數學王子」之譽的高斯看。

高斯看完後，有點不屑一顧地說：「竟然寫出這樣的論文，這是不可能的！」這位傲慢的數學權威，這次竟然看走了眼，一句話就把另一位數學天才的創造性發現打入了冷宮。

過了許多年，直到阿貝爾離開人世十二年之後，這篇論文才被發掘出來，得到了世人的公認。

蘇家駒教授在當時已經很有名望了，而華羅庚還是一個無名小輩。他問王維克：「老師，我可以寫文章指出蘇先生的錯誤嗎？」

「有什麼不可以的？真理就是在辯論中閃耀出光芒的。『吾愛吾師，吾更愛真理』嘛！再說了，就是聖人有了錯誤，也應該有人給指出來的！」王維克鼓勵華羅庚說。

於是，華羅庚就斗膽寫出了這篇論文。

寫好後，他又送給王老師看。

王維克說：「好，言簡意賅，有理有據，又不失年輕人的鋒芒。」

論文寄到上海《科學》雜誌後，一直沒有回音。

華羅庚就在等待回音的日子裏，不幸染上了傷寒。

這場大病，彷彿是華羅庚經歷的人生磨難的第一課，讓他懂得了生命的珍貴與堅強，也感受到了親情、友情和師恩的無私與溫暖……

偉大的伯樂

江南春早，多少溫潤的杏花消息，都傳達在瀟瀟雨聲之中。尤其是在清明之後，穀雨之前，江南大地遼闊的田野上，油菜花連成片，彷彿從眼前一直伸展到了遙遠的天邊……

二十世紀三〇年代的第一個春天，好像比往年的春天來得更早一些。陽春三月，春汛湧動。金壇縣城外的田野上，開滿了金黃色的油菜花和星星點點的薺菜花……

這天，一位綠衣郵差給大病初癒的華羅庚送來了一封信。

「一定是上海來信了！」

華羅庚迫不及待地撕開信封一看，果然是從上海寄來的剛剛出版的第十五卷第二期《科學》雜誌。

那一瞬間，他的心急促地跳動起來。

翻開目錄，〈蘇家駒之代數的五次方程式解法不能成立之理由〉的大標題，還有「華羅庚」三個字，赫然印在那裏。

這是他忍受著傷寒的煎熬，苦苦地等待了許久的一個結果。

只有他自己明白，支撐著他去戰勝病魔和死神威脅的力量，除了親人和恩師的關懷，就是他對數學研究的期待與渴望，包括他對自己投寄出去的這篇論文的期待。

此刻，他還不能想到，正是這篇注定要為後來的人們所稱頌的數學論文，帶著從年輕的數學奇才身上散發出來的奇光異彩，引起了中國數學界的注目，甚至驚動了正在清華大學任教的數學大師熊慶來先生，而在中國現代數學史上的一段傳世佳話，將從此開始……

此刻，年輕的華羅庚正在江南的金壇小鎮，沉浸在論文成功發表的喜悅裏。幾乎與此同時，在北平著名的清華園裏，赫赫有名的大數學家、大教育家熊慶來先生，也坐在自己的辦公桌前，饒有興致地讀著這篇論文。

熊慶來先生，出生於一八九三年（清光緒十九年），是中國現代數學的先驅，也是中國函數論的開拓者之一。他在二十世紀初葉，曾赴比利時學習採礦專業，因為第一次世界大戰爆發，只好轉赴法國，在著名的格諾大學、巴黎大學等學校攻讀數學。

熊慶來學成回國後，先後在國立東南大學、南京高等師範學校創辦了算學系。一九二六年，清華學校改辦大學後，校長梅貽琦聘請他來到清華園，創辦了清華大學算學系。

數學界的新星

熊慶來先生不愧為目光如炬的教育家和科學家，他一眼就看出了這篇論文的獨特魅力和奇光異彩。

「條理清晰，持論有據，見解有突破，嚴謹的邏輯性和說服力，一點兒也不缺少。」熊慶來向身邊的人稱讚道，「更可貴的是，敢於向蘇家駒這樣已有名氣的人發出質疑，這本身就需要一種勇氣、一種獨立精神！」

幾位數學教授都傳看了這篇論文，可是，一時間大家都不知道這個「華羅庚」是何許人也，在哪所大學任教。

難道是來自國外的數學研究人員？大家面面相覷，都不熟悉這個名字。

這也難怪，這時候，京城的數學界哪裏會想到，華羅庚竟然是一個僅有初中文憑、常年守候在父親的小雜貨鋪裏的「小夥計」！而且，這個小夥計差點被傷寒奪走了年輕的生命！

而這時候，華羅庚付出五六年的時間，已經自學完了高中和大學低年級的全部數學課程。

許多年後，當一位記者問華羅庚，當初為什麼選擇數學自修之路時，他說：「我別無選擇。學別的東西要到處跑，或者還要一些設備條件，這些我都不可能擁有。我選定自修數學，是因為它只需要一枝筆、一沓紙就可以了，不需要任何設備。」

在另一個場合，他又說道：「那時候，我當然也不知道有社會主義、共產主義，只感覺我們應該為國家出一點兒力，爭一點兒光，我就這樣開始鑽研學問了。也許有人要說，這是笑話，念了幾年書就談鑽研了？那不是笑話！鑽研並不是迷信，並不一定大學畢業才能鑽研，也不是非有齊全的條件不可。實際上，真正肯鑽研的人，在什麼場合都可以鑽研。」

正是靠著自己對數學的熱愛、勤奮和執著，他用自修的方式，對中學、大學的知識都進行了刻苦的鑽研和獨立的思考，為他日後在數學的多個領域有所建樹打下了扎實的基礎。

一九三〇年，華羅庚的論文在《科學》雜誌上發表時，熊慶來先生正在清華大學算學系擔任系主任。他記住了華羅庚這個名字，四處打聽這個人到底是誰。

「請幫我查一查，這位華羅庚先生是何方神聖，如果可能，我們應該請他到清華園來……」熊慶來先生道。

碰巧，算學系裏有一位教員名叫唐培經，他知道華羅庚這個人。他笑著告訴熊慶來：「你們都猜錯了，華羅庚既不是什麼國外研究人員，也不是什麼大學教授，只是鄙鄉的一個名不見經傳的自學成才的青年而已。」

愛才心切的熊慶來幾乎不敢相信自己的耳朵。

不過，這個資訊似乎更加證實了他的一個判斷：這個年輕人必是一個數學奇才！至於學歷，那有什麼要緊？以後可以慢慢進修，不難獲得的。

「有勞唐君回家鄉過暑假時，去找一下這位華先生，代我把他請到清華園來吧。」熊慶來對唐培經說。

暑假期間，唐培經回到了金壇，向華羅庚轉達了熊先生的盛意。華羅庚聽了，幾乎不敢相信自己的耳朵。

「莫愁前路無知己，天下誰人不識君？」唐培經滿含期待地望著華羅庚，念出了兩句唐詩。

「不，不只是知己，慶來先生是我的恩人、貴人啊！」華羅庚感慨道。

然而，剛剛從大病中挺過來的華羅庚，家境窘迫，哪裏湊得出一筆從金壇去京城的路費？所以一直到暑假結束了，熊慶來也沒有看到華羅庚的影子。

熊慶來當時沒想到華羅庚是湊不出路費，又過了些時間，他給華羅庚寫信說：「假如華先生不能到清華來，我將專程赴金壇拜訪！」

在信中，這位大數學家稱華羅庚為「華先生」，足見他對華羅庚的尊重與愛惜。

華羅庚把熊先生語氣殷切的來信念給父親聽。父親深知，兒子被這樣一位貴人看重，實在是千載難逢，於是，華老祥東挪西借，勉強給兒子籌措了一筆去京城的路費。

一九三一年初秋的一天，華羅庚拜辭年邁的父親，與年輕的妻子、幼小的孩子忍痛作別，從江南金壇出發，一路輾轉北上，來到了被譽為學術殿堂的清華園。

熊慶來和他的同事們當然也沒有想到，這位未來的大數學家，還拖著一條殘腿，拄著枴杖。

熊慶來把華羅庚安排在自己身邊，讓他擔任了清華大學算學系助理員，負責收發信函、打字、保管圖書資料等工作，空閒時可以跟各年級的學生一起去教室聽課。這樣，華羅庚一邊工作，一邊繼續自學。

熊慶來對這個年輕人十分賞識，愛護有加。有時碰到了複雜的計算問題，他就會大聲喊道：「華羅庚，過來一下，幫我算算這道題！」

在數學大師身邊耳濡目染，加上華羅庚自己一直有一股勤勉、專注的鑽研勁，他就像魚兒游進了大海一樣，天賦的才華和渾身的力量，都得到了無拘無束的釋放。

他進步很快，在國外雜誌上發表了三篇論文後，僅僅兩年，就被破格提升為助教，繼而又升為講師。後來，推崇「不拘一格降人才」的熊慶來，又選送他去英國劍橋大學深造。數年後的一九三八年，華羅庚學成回國，任西南聯合大學教授，年僅二十八歲。

熊慶來就像一位偉大的伯樂，慧眼相中了千里馬。在華羅庚從一個僅有初中畢業文憑的自學青年成為世界聞名的數學家的崎嶇道路上，熊慶來先生功不可沒，這也為中國現代科學界、教育界留下了一段佳話。

熊慶來先生不愧為一位大數學家、大教育家，他不僅清楚地看到了華羅庚身上潛藏的數學才華，更懂得怎樣去愛護和培養正在成長的科學俊彥。

中國數學界的人，特別是數學研究領域裏的老一輩數學家，都知道熊慶來先生為中國近現代數學發展和人才培養所做出的巨大貢獻。

他剛從國外畢業回國時，中國的大學裏幾乎還沒有什麼像樣的高等數學教材。他一回國，就自己動手寫講義，編教材，夜以繼日地開辦講座，親自給學生批改數學習題，真是誨人不倦，就像紅燭滴淚、春蠶吐絲一樣。

後來成長起來的一代著名的科學家，像嚴濟慈、錢三強、趙九章、趙忠堯等，都受過熊慶來先生春風化雨般的教誨，同時也得到了嚴格的數學訓練。

不少科學家後來回憶，熊先生有時候會把仔細批改過的數學習題親自送到學生手裏，然後微笑著鼓勵說：「很好，很好啊！」

學生們打開習題本，總會看到熊先生在正確的算題一旁，用毛筆工工整整地寫上一個字的批語：善。

後來，熊先生自己也承認：「我生平最大的樂趣，就是教書育人，培養年輕一代！」

華羅庚進入清華園，來到熊慶來身邊，就像駿馬找到了可以自由馳騁的草原。

誰也想像不到，這個身兼圖書管理員、文件收發員，有時還是教授們的教學文具代領員的年輕人，雖然一條腿殘疾，但一旦安靜地坐下來，回到他的數學世界時，立刻就變成了數學王國裏的勇士和巨人。什麼樣的難題，都無法阻擋他活躍縝密的思維，阻擋不住他朝著自己心中的數學高峰攀登的腳步。

在清華園裏，他只用了一年半的時間，就學完了算學系的全部課程，同時還以驚人的毅力，奇蹟般地自學了英文、德文和法文。

當時，熊慶來特意把華羅庚的辦公桌安排在自己辦公桌的對面，這樣兩個人可以隨時討論一些數學問題。

「華先生，這學期我開始講數論，請你去聽課喲！」

「華先生，請來一下，你說說看，這道題該怎麼解呀？」類似的話，經常掛在熊慶來嘴邊。

有一天，著名數學家徐賢修來到清華大學，要找熊慶來談事情，結果沒有碰到熊慶來，卻和華羅庚交談了起來。

徐賢修從沒有見過這個年輕人，就問道：「你是新來的教授？」

華羅庚搖搖頭說：「不是。」

「那你是這裏的研究生嘍？要不就是剛留洋回來的學生？」

「都不是。」華羅庚笑笑說。「我是這裏的『半個助理』。」

徐賢修有點不解，就詳細地詢問了一番。

「大學畢業的，可以當助教；高中畢業的，可以當助理。」華羅庚把自己的經歷和熊慶來對他的栽培簡單講了一下，最後幽默地說：「我只是初中畢業，所以只能算『半個助理』。」

「哦，『不拘一格降人才』，慶來先生果然是名不虛傳哪！」徐賢修由衷地讚歎道。

「華先生，幸會！能跟著慶來先生做研究，你是幸運的！」

不久，華羅庚就不聲不響地在歐美和日本的數學雜誌上，連續發表了三篇用英文寫的數學論文。

這在當時是罕見的，立刻就引發了清華園裏的教授們的驚異。

不久，清華大學的教授們召開了一次特別會議，一致通過了一項前所未有的決議：破格讓華羅庚登上講壇，給大學生們講微積分。

這件事，無論是在清華大學校史上，還是在華羅庚的人生中，都是史無前例的「一大步」。

清華大學破格任命他這個初中畢業生做助教，讓他登上清華大學的講壇，這是清華大學創辦以來從未有過先例的。

熊慶來初見華羅庚時，就曾向人預言：「這個華羅庚啊，他日必將成為異軍突起之科學明星！」

現在，他的預言正在一步步地變為現實。

華羅庚被破格提升為助教後，除了給大學生們講授微積分，每天只要一有點空閒，就會鑽進數學研究課題裏去，從來不肯浪費一分一秒的時間。

他待在圖書館裏的時間，比待在宿舍的時間要多得多。

他沉浸在書的世界裏。讀書，成了他心目中最美的事；鑽研數學，仍然是他最想做的事情。

不知不覺地，他在清華園裏度過了四個春秋。在此期間，他在國外的數學雜誌上又發表了十幾篇數論方面的論文。

那個時候，中國的數學研究還比較落後，華羅庚這個名字的出現，讓國外一些數學家的眼睛一亮。

世界，正在關注一顆從中國升起的數學新星！

一九三六年夏天，幸運女神溫柔的目光，再次眷顧了這個勤奮而執著的年輕人。

這一年，由清華大學推薦，華羅庚獲得了當時的中華教育文化基金會每年一千兩百美元的資助，以訪問學者的身份，前往英國劍橋大學留學。

華羅庚當時到劍橋大學，可以選擇攻讀博士學位，也可以作為訪問學者，同時攻讀七八門不同的學科。最終，他選擇了後者。

再見，康橋

能做一個「劍橋人」是幸福的。中國現代詩人徐志摩曾經說過，他這一輩子，只有一九二二年在劍橋大學度過的那一個春天，「算是不曾虛度」，可見他對劍橋的傾心。劍橋，就是他在詩文中一再寫到的「康橋」。許多沒有去過劍橋大學的人，對於劍橋的印象，也許最先都來自徐志摩的名詩〈再別康橋〉：

那河畔的金柳，是夕陽中的新娘；波光裏的豔影，在我的心頭蕩漾。

軟泥上的青荇，油油的在水底招搖；在康河的柔波裏，我甘心做一條水草！

劍橋的美麗，當然遠遠不只是詩人筆下瀲灩的波光、橋影與碧綠的草地。清華大學校長梅貽琦先生在一九三一年就職時就曾說過：「所謂大學者，非謂有大樓之謂也，有大師之謂也。」劍橋大學正是一座大師濟濟的文化殿堂。凡是劍橋的學生，如果能夠在三十來所學院中歷史最悠久的學院，例如三一學院或國王學院住上一兩年，這本身就成了一種「資格」。

一九三六年夏天，華羅庚和後來成為著名流體力學家、理論物理學家和教育家，曾任北京大學校長的周培源結伴，從北平乘火車出發，馳過西伯利亞的茫茫雪原，先到達德國，然後來到英國首都倫敦。

出國前，他在上海見到了金壇家鄉的一位朋友——正在上海一所學校教書的虞壽勳。虞壽勳很羨慕華羅庚能到世界著名的高等學府去留學，他問華羅庚：「羅君今日乘長風，破萬里浪，遠離故土，有何感想啊？」

華羅庚回答說：「說實話，我沒有太多的考慮，我現在能想到的，只有如何為國爭光，回來後如何報效國家。」

華羅庚到達英國的時候，正是劍橋大學在數學研究領域的鼎盛時期。當時，在全世界負有盛名的英國著名數學家哈代，正在這所大學，引領著全世界數學研究的方向。

據說，他辦公室裏的那把高背椅，曾是「萬有引力定律」的發現者、大科學家牛頓坐過的。

可是不巧，華羅庚到了劍橋，正好碰上哈代到美國訪問去了。

不過，這位數學大師臨走時留下話，讓手下轉告華羅庚：「請你們告訴華，凡是從東方來的學生，都會首先詢問，要付出多長時間才可以獲得學位。如果華願意的話，他可以在兩年之內獲得博士學位，而其他人，通常要用三年時間。」

原來，在這之前，哈代讀過華羅庚的幾篇論文，就像熊慶來一樣，他對這位自學成才的中國數學界新星也十分有信心。

誰知，華羅庚的選擇卻讓這位數學大師頗感意外。

華羅庚聽了哈代的留言，便說道：「我很感謝哈代教授的信任。不過，也請您轉告哈代教授，我是為了求學問才到貴國來的，不是為了學位而來，只要能給我機會，讓我到貴校圖書館裏自由閱讀，允許我去聽聽各個學科的課程，就行了！」

「華先生，據我所知，從東方來的學生裏不稀罕劍橋大學博士學位的，你是第一個！」接待他的人說，「那麼，你打算主攻哪一個方向呢？」

「我在這裏只有兩年的研究時間，自然是希望多接觸、多學習一些東西。」華羅庚坦誠地說出自己的心願。

其實，他當時做出這種選擇，還有一個很重要的原因，就是申請博士學位要繳納不少費用，而他所得到的留學資助極其有限，只是作為一個訪問學者的資助。

所以，在劍橋期間，華羅庚除了泡圖書館，就是四處聽課。各個學科的課，只要時間安排得過來，他都會興致勃勃地跑去聽。

他還參加了一個由許多有名的數論學家組成的研究小組。

在這個小組裏工作的，有英國人哈羅爾德、達凡波特、哈代、李特伍德、拉伊特，還有德國人埃斯特曼、漢斯、海爾波洛，等等，都是當時數論研究界的菁英。

早在一七七〇年，英國數學家愛德華・華林發現了一個著名的數論難題，被後人稱為「華林問題」。但是華林當時只是提出了一個「猜測」，他自己並沒有證明它。就像一七四二年，德國數學家哥德巴赫提出的那個被後人稱為「哥德巴赫猜想」的難題一樣，哥德巴赫自己也沒有能夠證明它。

在數學界，沒有被證明的難題，就不能稱為「定理」，而只能稱為「猜想」。哥德巴赫猜想、華林問題，是世界數學領域兩個密切相關的數論難題，也是吸引了無數數學菁英和數學愛好者目光的兩個著名「猜想」。

華羅庚在劍橋參加數論研究小組時，研究的主要課題就是數論中的華林問題，同時也順便研究哥德巴赫猜想。用他家鄉金壇的俗語說，這叫「摟草打兔子——捎帶腳」。後來也有人稱讚說，華羅庚在華林問題和哥德巴赫猜想上的兩項研究，把他歐洲同事的工作「包羅殆盡」了。

此外，德國十九世紀的大數學家、物理學家、大地測量學家，有著「數學神童」、「數學王子」等美譽的科學天才高斯，曾提出一個著名的「三角和估計問題」，一直以來也被許多數學家視為數學研究的「畏途」。讓人驚異的是，華羅庚在劍橋只用了一年時間，就解決了這個難題。

他寫的論文〈論高斯的完整三角和估計問題〉，在《倫敦數學學報》上發表後，震動了整個數學界。

就連數學大師哈代也暗暗吃驚，半是讚賞、半開玩笑地問道：「華的腦袋，到底是什麼材料構成的呢？」

有一天，哈代好奇地問華羅庚：「華，你在這裏所做的研究，還有什麼工作是沒有告訴我們的嗎？」

華羅庚在談了他研究華林問題、哥德巴赫猜想的成果之後，最後又談到了一個他正在研究的「他利問題」的有關成果。

哈代聽了，連連點頭說：「太棒了！你知道嗎，華？我正在與賴特合作寫一本關於『他利問題』的新書，你的研究成果顯然已經改寫了我們的一些章節，我應該把它寫進這本新書裏。哦，我看就稱之為『華氏定理』吧！」

哈代和賴特這兩位數學家合著的那本書，就是著名的《數論入門》。這本書正式出版時，果然吸收了華羅庚在劍橋的最新研究成果。

華羅庚在劍橋只有短短的兩年研究時間，然而他就華林問題、他利問題和哥德巴赫猜想撰寫了十八篇論文，先後發表在英國、蘇聯、印度、法國、德國的一些數學刊物上。依照這些論文的水準，每一篇都足夠為他拿到一個博士學位。然而，因為他在劍橋大學期間從未正式註冊入學，也沒有正式申請過學位，所以他並沒有得到博士學位。

他後來這樣說：「有人去英國，先補習英文，再聽一門課，寫一篇論文，然後得一個學位。我聽了七八門課，記了一大沓筆記，回國後又重新整理了一遍，仔細地加以消化了。」

在他的心目中，他在劍橋獲得的學問勝過任何一個博士頭銜。

劍橋的波光虹影，英倫的旖旎風光，他無暇遊覽，也無心欣賞。他的心中，似乎只有他的數論難題。

此時，在遙遠的中國，在江南的故鄉，戰爭的災難正在一步步逼近……

一九三七年，震驚中外的「七七事變」爆發，日本全面侵華，對日抗戰開始。

國難當頭，山河破碎。在華羅庚的家鄉金壇，很多鄉親在驚恐中開始了無家可歸的逃難生活。

華羅庚的妻子吳筱元帶著年幼的一兒一女，也在華羅庚的姊姊蓮青和姊夫的照顧下，忍痛告別熟悉的家園，從金壇出發，一路跋山涉水，經過江西、湖南，輾轉逃難到了大後方的雲南昆明。

國家和親人的命運時刻牽動著華羅庚的心。他無法想像，無助的妻子和年幼的孩子此刻正在禁受著怎樣的驚嚇、飢餓和顛沛流離。

本來按照當初的計劃，第二年華羅庚將應蘇聯科學院的邀請，前去蘇聯訪學。可現在，從報紙、無線電廣播中，不斷看到和收聽到國家正在蒙難、中華兒女正在奮起抗戰的消息，他再也無法在劍橋大學的研究殿堂裏待下去了。

再見吧，康橋。

再見吧，尊敬的哈代先生和數論研究小組的同事們。

康橋再美，也留不住一顆正在日夜惦念著國家和親人命運的心。

華羅庚歸心似箭。一九三八年，他乘著遠洋輪船，取道大西洋、印度洋、麻六甲海峽，由新加坡抵達香港，再經越南西貢、河內，終於回到了內地……

艱難歲月

萬里長征，辭卻了五朝宮闕，暫駐足衡山湘水，又成離別。絕徼移栽楨幹質，九州遍灑黎元血。盡笳吹，弦誦在山城，情彌切。　千秋恥，終當雪。中興業，須人傑。便一成三戶，壯懷難折。多難殷憂新國運，動心忍性希前哲。待驅除仇寇，復神京，還燕碣。

這是抗日戰爭期間，從內地遷到雲南的著名學府——西南聯合大學的校歌〈滿江紅〉（羅庸作詞，張清常譜曲）。

西南聯合大學簡稱「西南聯大」，是當時中國北方三所著名大學清華大學、北京大學、南開大學在經費緊缺、校舍擁擠、學校正常秩序被打亂的戰時狀態下，為保存教育和文化、科學的種子，臨時組成的聯合大學。

這首校歌的上闋，描寫了師生們辭別北方古都、千里跋涉的悲憤心情；下闋抒發了師生們在國難當頭、民族危亡時刻的家國情懷，以及師生們自強不息、奮發圖強、立誓洗雪國恥的雄心壯志。

這也是抗戰年月裏，所有知識份子和青年學子精神風貌的寫照。

一九三八年，華羅庚一回國，就被西南聯合大學正式聘請為教授。也就是說，他從助教到教授，前後只用了七年時間。這在中國現代教育史上，還沒有第二人。

華羅庚到昆明後，很快就與輾轉逃難來到昆明的妻子、兒女團聚了。「國破山河在」，雖然已經失去了故鄉的家園，但是一家人畢竟在千里之外的異鄉團圓了。

華羅庚把兩個孩子緊緊摟在懷裏，心裏充滿了對妻子吳筱元的感激和愧疚。

當時，兵荒馬亂、顛沛流離的日子，把大家都逼到了生活的底層。西南聯大所有師生的生活，無一例外都是極其艱苦和清貧的。大家經常吃的是發黴的糟米飯，菜裏沒有多少油水，能吃上白水煮的青菜已經很滿足了。許多名教授也難以養家餬口，有的只好在教學之餘，做一些別的「手藝活」謀求生計。例如西南聯大的著名教授、詩人聞一多先生，有一門刻圖章的手藝，於是有時候他就給人刻章，收取幾個小錢，補貼家用。著名物理學家吳大猷教授，也在借住的農家小院裏養起豬來。

華羅庚一家，先是在離學校不遠的青雲街住了一些時候。為了節省日常生活費用，不久，他們一家人又搬到離昆明較遠的黃土坡村。華羅庚寧願每天拖著病腿多走一段黃土路，這樣可以節省一點兒坐車的費用。

這個小村莊離昆明城有二十多里路，全家人住在兩間狹窄的小廂樓裏。在那裏，一家人一起吃、住，他自己讀書、做研究，雖然擁擠，但畢竟有個可以遮風避雨的屋頂。

到了晚上，捨不得多用燈油，往往是一燈如豆，勉強可以照著他看書、做研究。那盞小燈，是用一個破香菸罐子做的，裏面倒上一點兒豆油，用破棉花撚成一根細細的燈芯。為了節省豆油，燈芯總是細得不能再細。

屋子外面也非常狹小，農家養的牛在房子的外牆上蹭癢癢，會弄得房子像地動山搖一般響。豬和馬同在一個圈裏，馬有時會踩到豬身上，豬就發出尖叫，往往把大人和孩子從夢中驚醒……

那時候，昆明的市民們經常能看見一些戴著眼鏡、穿著破舊長衫的先生，腋下夾著一包書，用本地的土布包著，徒步穿過小城去上課，或者回到城外鄉下的家。有的先生衣衫到處破著洞，或打著不同顏色的補丁。

即便是這樣，像華羅庚這樣的教授走在街上，後面也經常會跟著一兩個討飯的乞丐，跟了一條街又一條街。

有時，勸也勸不走這些乞丐，教授們身上又實在拿不出一個硬幣來，有的教授就不得不轉回頭，苦笑著說：「真的請你們不要再跟隨了，我是教授，比你們還窮哪！」乞丐們一聽是「教授」，就趕緊掉頭走了。因為他們都知道，教授身上是沒有半文錢的。

華羅庚微薄的薪水也難以維持一家人的生活，有一陣子，他這個堂堂的大學教授，只好改換姓名，悄悄地到中學裏去兼一點兒課，掙一點點「外快」，補貼家用。

一九三九年，華羅庚的二兒子華陵出生了，家裏又多了一個嗷嗷待哺的小生命，原本拮据的日子變得更加難熬了。

這時候，熊慶來先生和夫人會時常給予華家一點兒接濟。每次，華羅庚滿臉羞愧不安地接下熊慶來夫婦送來的一點兒錢或米糧時，熊先生總是笑著安慰華羅庚夫婦說：「國難當頭，先讓孩子吃飽了再說。沒有什麼難為情的，就當是我借給你們的吧，以後等大家日子過好了，再還我嘛！」

吳筱元見華羅庚天天熬夜，營養不足，身子變得十分虛弱，有時會從老鄉那裏買回幾個雞蛋，悄悄給華羅庚煮上一兩個。

可是，華羅庚怎麼忍心獨自吃掉十分難得的煮雞蛋呢？每當這時候，他總是仔細地剝好雞蛋，然後用筷子一點兒一點兒地夾著送到孩子的小嘴裏去。

為了省著用那點微薄的生活費，他把抽了多年的菸也戒掉了，苦笑著對家人說：「等我們趕走了日本鬼子，抗戰勝利了，我再抽吧。」

幾年後，他們的第四個孩子，也在這艱難的歲月裏來到了世界上。可是，他這個身為大學教授的爸爸，竟然連送妻子去醫院分娩的錢都拿不出來，孩子就在破舊的農家小屋裏呱呱墜地了。

「你給孩子取個吉利一點兒的名字吧。」虛弱的妻子望著襁褓裏的嬰兒說。

「艱難時世，哪裏來的什麼『吉利』！你看，我們家徒四壁，僅有的一點點生活費又花光了！」華羅庚滿腔辛酸，卻又強作歡顏地給這個孩子取了個與「花光」諧音的名字——「華光」。

他心中期盼的是，抗日戰爭早日勝利，中華民族得以重光！

就是在這樣艱難的條件下，西南聯大的師生們也從未忘記自己的使命與職責，他們用最樂觀的精神、最堅強的意志，譜寫著特殊年代裏的一曲曲堅忍不拔、自強不息的校園歌。

在飢腸轆轆的歲月裏，在日本飛機飛臨時響起的空襲警報聲裏，在全家人鶉衣百結的日子裏，華羅庚也仍然沒有中斷他的數學研究。

就是在為了躲避敵機轟炸而鑽防空洞的時候，他也會手不釋卷，抓緊一分一秒的時間看書和思考數學問題。有一次遇到敵機轟炸，山腳下的臨時防空洞被震塌了，華羅庚瞬間被埋在了泥土裏。幸好他的頭部還露在外面，大家一起動手，扒開厚厚的土層，總算把他從土裏拖了出來。

當時，西南聯大師生們還為這樣躲空襲、鑽防空洞的日子寫了一副帶有自嘲意味的對聯——「見機而作，入土為安」，足見他們樂觀幽默的心態。

就在這樣苦難的日子裏，在許多個一燈如豆的夜晚，華羅庚堅持不懈，竟然寫出了二十多篇數學論文。

一九四一年，他又完成了自己的第一部數學專著《堆壘素數論》。在這部論著中，他論述了自己對華林問題、哥德巴赫猜想，以及其他相關數學問題的新觀點和研究結果。

可惜的是，當時這部珍貴的、浸透了他多年心血與汗水的數學研究專著手稿，交給國民政府的「中央研究院」時，因為戰亂，沒能出版，手稿丟失了。

同時華羅庚也把《堆壘素數論》的英文手稿寄給了蘇聯科學院的一位專門研究堆壘質數的數學家維諾格拉朵夫。

當時不僅在中國，就是在全世界，能夠懂得維諾格拉朵夫論文的人，也是屈指可數的。華羅庚不僅讀懂了，而且還在自己的論著中，對維諾格拉朵夫比較繁瑣的研究方法做了許多改進和簡化。

維諾格拉朵夫收到華羅庚的英文手稿後，高興得立刻發來了電報，大意是說：「我們收到了你的優秀專著，待戰爭結束後，我們將會立即付印。」

果然，第二次世界大戰結束沒多久，蘇聯科學院就在一九四七年出版了《堆壘素數論》的俄文版。

再後來，一直到一九五三年，《堆壘素數論》才從俄文轉譯成中文，並在中國首次出版。至今，他的這部著作仍被世界數學界視為數學經典。

數學與幼童

在艱苦而漫長的抗戰歲月裏，中國教育界的賢達和有識之士，克服了種種困難，哪怕在最簡陋的條件下，也要繼續開辦學校，讓青少年一代的學業得以延續。

當時，無論是在大學，還是在中小學，大家都有一個共識：只要中國的教育還在，中國的文化還在，中國就不會亡，中國人還是可以站起來的！

一批批戰時的大學、中學和小學的出現，給處在危急關頭的中國帶來了新的希望。「少年強則國強」，為了保全中華民族的一代血脈，當時許多家庭都自願分離，寧願忍受親人的離別之痛，也要讓正處在求學年齡的學子們追隨學校和老師，繼續他們的讀書生活。

有一位母親就說過這樣的話：「我們的孩子，能留一個，就是一個。每個孩子都是我們留下的種子，也許可以為我們再造中國，讓我們重獲自由和獨立，不做日本人的奴隸。」這可以說是當時許多家庭的心聲。因此，抗戰期間，內地的很多中小學校，即便不斷遷徙，學校的教育也不曾中斷過。這些學校千里跋涉到了西南地區的鄉村，只要找到一塊偏僻安全的地方落腳後，哪怕在極其簡陋的條件下，也會趕緊開課，讓孩子們繼續有書可讀。

華羅庚一家在雲南鄉下居住的日子裏，雖然有時貧困到了食不果腹的地步，但華羅庚從未放棄過對孩子們的教育和信心。

華羅庚很疼愛自己的孩子，孩子們也喜歡纏著自己的父親，讓他講故事，講笑話。可是，講故事還真不是這位教授父親的強項。他是一位數學家，只要有一點兒空閒時間，他和孩子們一起遊戲時，說著說著就又會說到他心心念念的數學上。

有一天，防空警報拉響了，華羅庚帶著孩子們躲到了一片小松樹林裏。松樹的枝葉散發著淡淡的清香，地上落滿了乾爽的松針，還有一些熟透的松果散落在地上。華羅庚帶著孩子撿來不少松果，有的松果裏還藏著一些小小的熟透的松子。

「來，這也許是小松鼠們吃剩下的松子，每人兩顆，嘗一嘗，香不香啊？」他仔細地嗑出那些松子，一一分給孩子們。

平時難得有這樣和孩子們坐在一起的時間，他看著孩子們因為營養不足而有點瘦弱的樣子，心裏不禁充滿了愧疚，覺得對不起孩子們，連一頓飽飯都難得讓他們吃上，沒有盡到一個當父親的責任。

「我來考考你們吧，你們說說看，世界上什麼東西最美呀？」

他想讓孩子們高興一下，就給孩子們提出了一個問題。

「音樂最美！」大女兒華順說，她喜歡音樂，已經到了可以幫爸爸、媽媽料理家務、分擔憂愁的年齡了。爸爸的論著《堆壘素數論》就是她用打字機給爸爸打出來的。

「當一個醫生最美！」兒子俊東的理想是當一名醫生，因為他覺得當醫生可以治病救人，解除人們的病痛。

「好啊！音樂，醫生。那麼你呢，小不點？」華羅庚望著幾個孩子中最小的一個，笑著問道。

「我要……玩具，玩具最美！」最小的孩子回答說。

「孩子們，你們講得都不錯呀，玩具、醫生、音樂……都是世界上很美妙的事物。

等我們抗戰勝利了，回到北平，這一切都會有的！你們的夢想，也許都可以實現！」

「爸爸，那您覺得，世界上什麼東西最美呢？」華順問道。

「要我說嘛，世界上最美的東西，還是數學！是的，只有數學……」

那一天，在小松樹林裏，華羅庚耐心地給孩子們講了許多關於數學的神奇與美妙。

他告訴孩子們，早在西元前五百年左右的古希臘時期，畢達哥拉斯就說過：整個宇宙，是數和數的關係的和諧系統。在畢達哥拉斯之後，普洛克拉斯又指出：哪裏有數，哪裏就有美。還有寫過《數學原理》的大哲學家、大數學家羅素，他認為數學的美妙，只有音樂能夠與之相比。

華羅庚告訴孩子們，數學，不但是一種嚴謹的真理，而且還具有至高無上的美，這種美就像雕塑一樣，是一種冷而嚴肅的美。它沒有華麗的裝飾，卻是那麼純粹和嚴格，能夠達到只有偉大的音樂才能具有的那種完滿的意境……

孩子們都在好奇地聆聽父親的講述，儘管兩個小一點兒的孩子未必能聽懂父親的話。

最後，華羅庚又說道：「我講的這些，你們現在聽不懂也沒有關係。有人說過，數學是上帝用來書寫宇宙的語言。別說你們啦，就是許多研究了一輩子的數學家，包括你們的爸爸在內，也未必能完全聽得懂這種『上帝的語言』和『宇宙的語言』。不過，我倒是真心希望你們長大了，上學念書了，都能好好地去熱愛數學，學好數學。好啦，說了這麼多，現在爸爸就給你們出一道數學題，大家一起來做做看，看誰最先得出正確答案，好不好？你們都聽好了……」

他給孩子們出的這道數學題是：「假如我們家共有九口人，每人每天吃半兩油，那麼，一個月需要多少斤油？」

孩子們聽了，都饒有興趣地思考起來。有的還拿起一根小樹枝，在地上演算著。

「〇·五兩×三十天×九人÷十六兩，對嗎？」聰明的兒子搶先問道。

「這樣列算式，當然也是可以的，不過你可以再想想，還有沒有別的方法呢？」華羅庚笑咪咪地引導和啟發著孩子們。

孩子們面面相覷，一時找不到其他更好的演算法。

「你們想想，每人每天半兩油，每人一個月就是三十個半兩，也就是十五兩，一斤差一兩（當時的一斤等於十六兩），九個人呢？就是九斤差九兩，也就是八・四三七五斤，這樣思考是不是簡便多了呢？」

原來，這就是華羅庚一直在琢磨的一種數學計算方法——直接法。

因為有了在小松樹林聽父親講數學、講這個「直接法」的機會，華羅庚創造的這個「直接法」，從此就牢牢地印在了孩子們心裏。

不久，在另一片松樹林裏，也是在躲空襲的時候，又發生了一件讓一些大學生和助教都記憶深刻的事。

那天，華羅庚和當時的一位助手，後來也成為著名數學家的閔嗣鶴，還有其他幾個學生，正在松林裏席地而坐。大家一邊躲空襲，一邊也不浪費時間，纏著華羅庚教授，希望他再講一講「直接法」。

「好吧，你們聽好了！」華羅庚說，「假如我是個船長，船有三丈寬，六丈長，坐了五十個人，載了五十斤貨，請問：船長有多少歲？」

大學生們一邊埋頭在本子上記下這一串數字，一邊開始思索。

不過，過了好一會兒，也沒有人計算出答案。

這時，只聽父親說了第一句話就跑到旁邊去玩耍的華順，轉了一圈回來，正好聽見了父親的提問，就脫口而出：「二十八！」

華羅庚的助手和大學生們聽了，都沒明白過來是怎麼回事。

華羅庚笑著問女兒：「你是怎麼算出來的？」

女兒回答說：「爸爸剛才不是說，你是船長嗎？」

「沒錯，回答得完全正確！」華羅庚大笑著誇讚說。

許多年後，女兒華順才真正懂得父親的這個「直接法」，其實就是要在第一時間把不相干的東西排除掉、抓住最本質的東西的一種計算方法。

摯友

有一句話說出就是禍，有一句話能點得著火。
別看五千年沒有說破，你猜得透火山的緘默？
說不定是突然著了魔，突然青天裏一個霹靂，
爆一聲：「咱們的中國！」

這是聞一多先生的名詩〈一句話〉中的一節。有人把聞一多稱為「現代屈原」，這是因為他們都是深愛著自己的國家、懷有熾熱的家國情懷的愛國詩人，而且他們都是生長在荊楚大地上的「楚人」。

一九三七年，對日抗戰開始。原本是清華大學教授的聞一多，顛沛流離來到昆明，在戰時的西南聯合大學任教。因為戰爭年代的生活十分艱苦和清貧，大學教授也不例外，聞一多就用自己擅長的篆刻技藝，「賣藝」餬口，養活家人。抗戰歲月裏，他還特

意留了一把鬍子，發誓不取得抗戰的勝利絕不剃鬚，顯示了抗戰到底的決心。

在西南聯大，華羅庚與聞一多成了志同道合的好友。華羅庚十分敬佩聞一多愛憎分明、熾熱如火的詩人性格。他一直珍藏著聞一多為他刻的一枚圖章，上面還刻著這樣幾行小字：

「頑石一方，一多所鑿，奉貽教授，領薪立約，不算寒傖，也不闊綽，陋於牙章，雅於木戳，若在戰前，不值兩角。」

聞一多告訴華羅庚，他會刻圖章，是受到父親的影響。聞一多的父親是湖北浠水縣的一個秀才，算是家學淵源。聞一多自己早年又學過繪畫藝術，因此會篆刻也不難理解。

「不過，我倒是做夢也沒有想到，有朝一日，這個業餘雅好竟然還成了我養家餬口的手藝，為了一家老小的生計，竟然掛出了公開治印的招牌。」有一天，聞一多苦笑著對華羅庚說道。

當「聞一多治印」的招牌掛出後，有一些在昆明的高官也附庸風雅，派人送來了象牙，請聞一多刻印。

聞一多雖然生活拮据，卻不為金錢所動，都一一地堅決退了回去。他十分看重與華羅庚的君子之誼，不聲不響地精心刻製了一枚圖章，贈給了華羅庚。

一九四三年後，聞一多目睹了國民政府的腐敗，拍案而起，積極參加了反對獨裁、爭取民主權利的鬥爭，後來又擔任了中國民主同盟中央委員兼雲南省負責人、昆明《民主週刊》社長。

抗戰勝利後，一九四六年六月十八日，聞一多和國內許多正直的知識份子、大學教授，共同簽署了一份〈抗議美國扶日政策並拒絕領取美援麵粉宣言〉，表現出崇高不屈的民族氣節。這份宣言表示：「為反對美國政府的扶日政策，為抗議上海美國總領事卡寶德和美國駐華大使司徒雷登對中國人民的誣蔑和侮辱，為表示中國人民的尊嚴和氣節，我們斷然拒絕美國具有收買靈魂性質的一切施捨物資，無論是購買的或給予的。下列同仁拒絕購買美援平價麵粉，一致退還配購證，特此聲明。」

一九四六年七月，國民黨暗殺了李公樸，激起了義憤。七月十五日，聞一多忍受著連日飢餓的折磨，冒著隨時會被槍殺的危險，毅然走上了悼念李公樸先生的大會講台，發表了一場激情澎湃的演講。他在演講中義正詞嚴地譴責了國民黨卑劣的暗殺行徑，他憤怒地正告特務們：

……你們殺死一個李公樸，會有千百萬個李公樸站起來！你們將失去千百萬的人民！你們看著我們人少，沒有力量？告訴你們，我們的力量大得很，強得很！看今天來的這些人，都是我們的人，都是我們的力量！此外還有廣大的市民！我們有這個信心：人民的力量是要勝利的，真理是永遠存在的。……

……

反動派，你看見一個倒下去，可也看得見千百個繼起的！

正義是殺不完的，因為真理永遠存在！

歷史賦予昆明的任務是爭取民主和平，我們昆明的青年必須完成這任務！

我們不怕死，我們有犧牲的精神！我們隨時像李先生一樣，前腳跨出大門，後腳就不準備再跨進大門！

果然，當天下午，在昆明西倉坡的宿舍門口，聞一多就被昆明警備司令部派人殺害了，和聞一多一起回家的兒子聞立鶴也受了重傷。他的這篇演講，也成了這位詩人的「最後一次演講」。

在聞一多遇難前，華羅庚就一直在為他擔心。有一天，華羅庚憂心忡忡地對聞一多說：「一多兄，形勢這麼緊張，你要多加小心才是啊！」

「羅庚，不用擔心，我不怕他們！要鬥爭就會有人倒下去，一個人倒下去，千萬人就會站起來！形勢愈緊張，我愈應該把責任擔當起來。」

華羅庚怎麼也沒有想到，這次談話，竟成了他與這位好友的最後一次談話！聽到聞一多被殺害的消息時，華羅庚正乘火車去往上海。這個消息讓華羅庚悲憤得渾身顫抖，眼淚流滿了雙頰，擦也擦不完。

坐在火車上，華羅庚噙著熱淚，強壓著心中的悲憤，望著窗外灰濛濛的天空和田野，默默地寫出了一首詩，獻給倒在血泊中的亡友：

烏雲低垂泊清波，紅燭光芒射斗牛。
寧滬道上聞噩耗，魔掌竟敢殺一多！

對這位在艱難歲月裏結交的摯友的敬仰與懷念，一直伴隨著華羅庚的後半生。許多年以後，他在一篇紀念聞一多的文章中這樣寫道：

「作為一多先生的晚輩和朋友，我始終感到汗顏愧疚。在最黑暗的時刻，我沒有像他一樣挺身而出，用生命換取光明！但是，我又感到寬慰，可以用我的餘生完成一多先生和無數前輩的未竟事業。」

群星閃耀

一九四五年七月，美國成功爆炸第一顆原子彈。人類的核時代隨著這聲巨響開啟，隨著著名的「曼哈頓工程」而揭開了帷幕。

這一年八月六日和九日，美國向日本廣島和長崎投放了代號分別為「小男孩」和「胖子」的兩顆原子彈，兩座城市頃刻間變成了人間地獄和恐怖廢墟。這兩顆原子彈，也成了日本軍國主義者最後的噩夢和喪鐘。

不久，日本宣告無條件投降。中國人民艱苦卓絕的抗日戰爭，全世界人民的反法西斯戰爭，也隨著兩顆原子彈的巨響而以勝利結束。

原子彈的爆炸聲，震驚了全世界。當時的國民政府主席蔣介石，頓時萌生了中國也應該製造原子彈的念頭。

然而，剛剛從漫長的戰亂歲月中走過來的中國，最缺少的就是懂得研製原子彈的人才，懂得怎樣製造原子彈的數學家、物理學家和化學家。

正是在這樣的背景下，國民政府從西南聯大的研究生和助教之中，挑選出了物理學方面的李政道、朱光亞，數學方面的孫本旺、徐賢修，還有化學方面的王瑞酰、唐敖慶這幾位年輕的科學俊彥。

國民政府的計畫是，盡快把這幾位年輕人送到美國去深造，把原子彈製造技術學到手之後，再回到國內，製造出我們自己的原子彈。

這時候，美國普林斯頓大學正好也向華羅庚發出了訪美和講學的邀請。於是，一九四六年八月的一天，華羅庚帶著朱光亞、李政道、唐敖慶、王瑞酰、孫本旺五個年輕人（徐賢修當時已在美國），從上海坐船，踏上了遠渡重洋的旅程。

在出國之前，華羅庚回了一趟久別的故鄉。八年離亂，家破人亡，他站在故居老屋前，默默地流下了傷感的淚水。

這次返鄉，華羅庚還特意去探望了他的恩師王維克先生。

華羅庚向老師講述了自己這些年來的經歷。王維克覺得自己真的是沒有看錯人，當年的勤奮少年，如今成了赫赫有名的數學家，成了國家的棟樑，他心裏有著說不出的高興。

這次師生相見，王維克捧出自己翻譯的義大利詩人但丁的《神曲》手稿，說：「羅庚啊，自從你我分別之後，除了你在數學上的精進和取得的成就，足可慰我平生，剩下的，就只有它了……」

的確，為了翻譯這本名著，王維克這些年幾乎斷絕了所有的交遊，閉門不出，系統地研究了但丁的生平與著作，閱讀了大量的有關資料，甚至還潛心鑽研了《聖經》。而且他每翻譯出一章初稿，都要讓夫人大聲朗讀給他聽，如果覺得有不順暢、不確切的地方，他就隨時記下來，再仔細地琢磨和修改，直到他自己滿意為止。

「老師，您的這種精益求精的治學態度，正是我應該學習的，我研究數學，更需要這種一絲不苟的嚴謹態度啊！」

師生二人，在江南小城安靜的秋夜裏，一會兒談一些家事、國事、天下事，一會兒又談到了學問、理想和中華民族的未來……

「羅庚啊，你看這星河燦爛的夜空，何其深奧，何其浩瀚！吾生有涯，而未來的路還更長呢……」

華羅庚這時候雖然已經名滿天下，但聆聽著自己早年的恩師、一位公認的大翻譯家娓娓而談，仍然覺得如沐春風。

華羅庚帶著老師和師母的叮嚀，帶著國家的期待，踏上了去往美國的旅途。

大海茫茫，海鳥追著船尾的浪花，悠悠地鳴叫著……

華羅庚俯身站在船舷邊，心裏不由得感到了一種沉重的鄉愁。此時他無法想像，在前方等待著他們的會是一個怎樣的未來。

到了美國，他們很快就得知，事情果然就像出國前他們所擔心和預料的那樣。當華羅庚帶著朱光亞、李政道、唐敖慶等剛剛抵達舊金山，先行而來的化學家曾昭掄就告訴他們：「我們是一廂情願了！想在美國學習原子彈研製技術，根本不可能！」

原來，曾昭掄透過與美國有關方面接洽後得知，美國當局對原子彈這項新技術實行了嚴格的封鎖政策，拒絕向其他任何國家的科學研究人員開放這方面的資訊。

最終，朱光亞、李政道等人根據華羅庚、曾昭掄的建議，在美國各自選擇了心儀的大學和專業，有的去擔任教職，有的作為留學生分頭入學學習去了。

至此，當時的國民政府所期望的「中國也要製造原子彈」，成了黃粱一夢。

普林斯頓位於美國紐澤西州中部，是地處紐約和費城中間的一個古老而美麗的小鎮。著名的普林斯頓大學就坐落在這個富有鄉村風格的北美小鎮上。

普林斯頓大學始建於一七四六年，比美國建國還早三十年。在普林斯頓大學的校友錄上，赫然寫著麥迪遜（美國第四任總統）、菲茨傑拉德（著名作家）、歐本海默（二十世紀最著名的物理學大師），以及康普頓、狄拉克、劉易斯、托馬斯・曼等三十多位諾貝爾獎獲得者閃光的名字。

二十世紀最偉大的科學家之一愛因斯坦，也正是在普林斯頓大學的高等研究院裏度過了他一生中最後的二十多個春秋。那時候普林斯頓大學的大學生們經常能看到這位鶴髮童顏的科學巨人，獨自在研究院後面那片綠色的草地上散步。

在普林斯頓大學留學的不少中國學生，後來也都成了各個領域的科學家，例如數學家王湘浩、閔嗣鶴、徐賢修，物理學家張文裕、吳健雄、袁家騮，化學家梁守矩等。

華羅庚來到美國，以客座講師的身份受聘於普林斯頓大學高等研究院，除了要承擔研究院的一些教學任務，還會應邀去另外一些大學講課。

當然，他在這裏還有一個更重要的目的，就是與一些世界頂級的數學家切磋學問，交流研究成果，共同研究一些世界難題。當時，世界數學界一些赫赫有名的人物如韋爾、西格爾、馮·諾依曼、韋伯倫、哥德爾、賽爾貝格、愛多士等，都雲集在這裏。

一位名叫斯泰芬·薩拉夫的加拿大數學家，這樣描述過華羅庚在美國的工作狀態，以及他的研究成果給美國數學界留下的印象：

在這些年裏，與華羅庚相識的美國數學家們，對他那清晰而直接的教學方法，他的知識深度和他的天才，有了更深的印象。……活躍的數學家，對華羅庚給他們的藝術所創造的豐富多彩和有力的貢獻，是十分熟悉的，因為他們幾乎天天都在運用他的研究成果。我對微分幾何學家和代數學家提起華羅庚的名字時，所有這些數學家全都明白了。一位群論學家聽到我提華羅庚的名字，他說，我們有一個有名的關於同構的定理，就叫「華氏定理」，那必定是同一個華氏！

這位數學家還詳細地記下了美國數學界對華羅庚的評價。

有一位認識華羅庚的數學家，名叫狄瑞克・萊麥爾，他認為，華羅庚有善於發現和抓住別人最好的研究方法的不可思議的能力，並能確切判斷和指出他們的研究結果中哪些是可以改進的。

萊麥爾還發現，華羅庚總是有自己的許多「竅門」。他博覽群書，透過廣泛的閱讀，掌握了二十世紀數學的所有最先進的觀點。

萊麥爾還把華羅庚與另外兩位世界著名數論大師彼得・舒爾茨和諾伯特・維納相提並論，認為他們都是在數論領域做出了巨大貢獻，同時影響也擴展到其他領域的人物。一位中國數學家，站在世界數學舞台上展現出卓越的風采。

歸來

華羅庚就像一顆耀眼的巨星，正在數學王國的天空熠熠閃耀。

一九四八年春天，他被美國伊利諾伊大學聘為終身教授。然而就在這時，一個意外的消息從國內傳來，讓華羅庚變得十分緊張。他當即做出了決定，要把妻子吳筱元和孩子們接到美國來。

原來，在國內，中國共產黨正在勢如破竹一般迅速向江南推進。國民政府政權風雨飄搖，敗局已定。而種種跡象表明，國民政府正在想方設法把一些社會名流和各個領域的人才以及他們的家眷帶到台灣去。作為著名數學家的華羅庚，當然也在名單裏。

華羅庚得到消息後，火速給妻子吳筱元和孩子們辦理好了赴美的護照，他想先把一家人接到美國後再做打算。

可是這時候，他的大女兒華順卻並不贊成爸爸的想法。

華順已經長大了。一九四六年，爸爸出國後，她離開媽媽和外婆，隻身一人來到北平，進入了燕京大學物理系念書。

在燕京大學校園裏，已祕密加入了中共地下組織領導的學生組織。

媽媽來信告知華順，爸爸希望全家人都到美國去。華順不解地想道：中國就要迎來新的曙光，這時候為什麼要去美國呢？

她決定獨自留下來。

她對媽媽說：「到了美國，您告訴爸爸，中國的希望和未來在共產黨這裏，我已經加入了中國共產黨。希望爸爸在解放戰爭結束後，早一點回來，新中國一定會歡迎他回來的！」

媽媽說服不了女兒，只好再三叮囑，然後讓老母親帶著最小的孩子回到故鄉金壇。吳筱元自己帶著俊東、華陵、華光三個孩子，來到了美國。

華羅庚與家人，總算在異國他鄉的土地上團聚了。

但是，女兒的一番話，一直縈繞在他的心頭。

有一天，他與數學家萊麥爾談到了中國的數學研究現狀。

他坦誠地告訴萊麥爾：「中國是一個文明古國，也是一個很早就擁有了古代算術、算盤和祖沖之這樣的大數學家的國度，可是，中國近現代的數學研究水準卻十分落後，為什麼呢？因為我們缺少這方面的人才啊！將來，我們一定會改變這種狀況，趕上世界數學前進的腳步……」

一九四九年十月一日，中共建政，中華人民共和國誕生了！

從報紙上、電台裏愈來愈多地看到和聽到來自中國的消息。

這年歲末，當美國人正沉浸在迎接聖誕節和新年的歡樂氣氛中時，華羅庚收到了女兒從北平寄來的一封信。

看得出，女兒在信中掩飾不住自己的興奮，她寫道：

「北平解放了，全城一片歡騰！共產黨廉潔奉公，解放軍紀律嚴明，不拿群眾一針一線……」

女兒還在信中呼喚爸爸：新中國的建設需要一大批科學家參加，爸爸媽媽，盼望著你們趕快回家……

華羅庚懷揣著女兒的書信，興高采烈地從外邊回來，一邁進房門，就大聲喊道：「筱元，把酒拿出來，今天我們一起喝點酒！」

「你今天這是怎麼啦？遇到了什麼高興的事？」

「你自己看吧，」華羅庚把女兒的信交給吳筱元，說，「華順真的是長大了，多好的孩子！真令我這個當爸爸的為之驕傲啊！」

吳筱元迫不及待地看完了女兒的信，抬起頭來看著華羅庚，只問了一句話：「走不走呢？」

「走！」華羅庚顯然已經做出了決定，說，「此時不走，更待何時？」

「要不，我先回去看看，稍後你再決定回不回去？」吳筱元試探著又問了一句。

「多此一舉！我們全家一起走，而且愈快愈好！」

當華羅庚把回國的決定告訴伊利諾伊大學校方時，對方真誠地挽留他說：「華先生，還有一個選項，請您考慮一下，要不您和夫人先回去看看，您的孩子由伊大代為照料，如何？」

「謝謝校方的好意，請你們理解我此刻的心情，孩子，我還是帶回國為好。」

一九五〇年新年伊始，歸心似箭的華羅庚帶著一家人，從舊金山出發，登上駛往香港的一艘郵輪。

歸國的前夜，已經很晚了，門外忽然響起了輕輕的敲門聲。華羅庚一下子警覺起來，擔心出現什麼意外，耽誤了明天的航程。門開了，走進來的是一位他熟悉的國民黨元老，也是國民政府資源委員會的委員之一。這位老先生是特意來為華羅庚送別的。他對華羅庚說：「華先生，你能和家人一道回去，真令老夫欽羨不已啊！我這把老骨頭，也許要永遠留在異國他鄉了。不過我有一句話，還望先生帶回去，轉告國內的舊雨故交，就是希望資源委員會的其他成員，能夠與共產黨合作，一起把我們的國家建設好，讓中華民族早日變得強大起來！」

這件事讓華羅庚感慨萬千。

郵輪進入浩瀚的太平洋之後，在漫長的航程中，華羅庚一直在思忖和醞釀著一件事情。抵達香港後，這件事已經成竹在胸。他吩咐家人，誰也不要打擾他，他把自己關在旅館的房間裏，滿懷熱忱地寫了一封〈致中國全體留美學生的公開信〉。

這封公開信寫得情真意切，文采飛揚，盡顯一位愛國赤子坦誠而熾熱的家國情懷。他在信中講到了自己出國的初衷和歸國的理由，也傾吐了自己近一兩年來真實的心路歷程。最後他說：

「朋友們！『梁園雖好，非久居之鄉』，歸去來兮！

「為了抉擇真理，我們應當回去；為了國家民族，我們應當回去；為了為人民服務，我們也應當回去；就是為了個人出路，也應當早日回去，建立我們工作的基礎，為我們偉大祖國的建設和發展而奮鬥！」

一九五〇年三月十一日，新華社向全世界播發了華羅庚這封在歸國途中寫的公開信。五天後，華羅庚一家回抵中國。

回國不久，他把家安頓在清華園的教員宿舍裏，然後迫不及待地走馬上任，挑起了清華大學數學系系主任的重擔。

近三十年之後的一九七九年，華羅庚在英國訪問時，有位女學者問他：「華教授，一九五〇年回國後，您後悔過嗎？」

華羅庚斬釘截鐵地回答道：「一點兒也不後悔！我回國，就是要用自己的力量為國家多做些事情，並不是圖舒服。我覺得，一個人活著，不是為了個人，而是為了國家！」

工作著是美麗的

新的時代，新的歷程，開始了……

中國的天地煥然一新，就像越過寒冬而到來的春天，就像陽光明媚、空氣新鮮的早晨。大地上的一切，都漸漸溫暖起來。雪花在天空化成了細雨，冰封的小河悄悄解凍了，泥土變得鬆軟和溼潤了，葡萄籐和柳枝也都變得柔軟了，小草在悄悄地返青，所有沉睡的生命都開始甦醒了……

而中國的數學研究和教學事業，正站在嶄新的起跑線上。

在中國成立初期的年月裏，華羅庚覺得，自己每天都有使不完的精力，渾身充滿了熱情和力量。

在回到清華大學，挑起數學系系主任的重擔之後，一個更宏偉、更艱鉅的國家使命，又擺在他的面前。

國民政府在一九四七年設立「中央研究院數學研究所」，華羅庚是專任研究員之一。一九四九年「中央研究院數學研究所」遷往了台灣。

中共建政後，很快就成立了中國科學院。從一九五〇年起，華羅庚就受命負責籌建數學研究所，籌備處一度就設在清華園裏。

兩年後的一九五二年七月，中國科學院數學研究所宣告成立。眾望所歸，華羅庚被任命為所長。

當時，數學研究所群賢畢至，少長咸集，真可謂人才濟濟，雲蒸霞蔚！華羅庚愛惜人才，求賢若渴，把當時的許多數學研究名家和青年才俊都網羅到了數學研究所裏。像陳建功、蘇步青、段學復、吳文俊、張宗燧、胡世華、吳新謀、閔乃大、關肇直、田方增等，都是研究所的骨幹人才。

第二年，研究所又率先成立了微分方程、數論兩個研究組，微分方程組由吳新謀擔任組長，華羅庚還親自兼任了數論組組長。

當時，他一門心思要使中國的數學研究盡快追趕上世界數學研究的步伐，徹底改變這個有著五千年文明的泱泱大國在數學領域的落後地位。

工作著是美麗的，也是快樂的。

他每天都在忙碌，在奔走、工作著，和數學界的同事們、朋友們討論著各種各樣的問題。

除了在國內奔走、忙碌，那些年裏，他也不斷地出訪蘇聯和東歐各國，與外國同行和學者討論交流。他還作為中國數學家的代表，參加了一九五三年在匈牙利召開的第二次世界大戰後的首次世界數學家代表大會。他也與在美國的陳省身、徐賢修等數學家保持著密切聯繫，提升和擴大了中國的數學研究在國際數學界的地位和影響力。

一九五二年十月，華羅庚出席了亞洲及太平洋區域和平會議。兩年後，他又代表中國出席了世界和平理事會。

一九五八年春天，他又和郭沫若率領中國科學代表團飛往印度新德里，出席「在科學、技術和工程問題上協調」的會議。

雖然公務繁忙，工作任務一個接著一個，但是作為一位有著世界影響力的科學家，他研究和探索數學的腳步，一刻也沒有停止過。

我們在前面講過，一九五三年，中國科學院出版了他在二十世紀四〇年代完成的那本數學研究名著《堆壘素數論》。當時，科學院派人來徵求他的意見，問：「華教授，這部《堆壘素數論》，您還有什麼要修改的嗎？」

聽到問話，華羅庚首先想到的是，中共建政不久，國家應該有很多要緊的事情等著去做，怎麼會想到為他出版這部舊著呢？

一想到這本書的遭遇，他就不由得覺得心酸。

這本書，是他在一九四一年那段兵荒馬亂、天天躲空襲的日子裏完成的，不僅浸透了他的心血與汗水，也凝聚著他們這一代知識份子的家仇國恨與時代傷痛。這部書的中文原稿被當時的國民政府「中央研究院」弄丟了，幸虧他當時寄給了蘇聯科學院一份，蘇聯科學院在戰爭結束後，由數學研究所將其作為該所的專刊，出版了俄文版。於是，華羅庚就根據這個俄文版，做了一些修正和補充。這樣，《堆壘素數論》這部數學研究名著，總算有了一個完整的中文版。

除了《堆壘素數論》，華羅庚這個時期的數學研究思路與範圍，變得更加開闊，他不再局限於一些枝枝節節的小問題，而是朝著一個問題的總體解決方向邁進了。

作為一位博覽群書、博學多才的數學大師，華羅庚深知除了要研究那些高深莫測的數學問題，還應該熱心研究一些通俗的問題，應該向普通大眾普及數學知識。

例如，當時有人提出了一個問題，認為用圓規及直尺三等份任意一個給定的角，是可能的事。華羅庚卻認為，這種研究沒有多大意義，是白白浪費聰明才智。

所以，他在一九五一年六月的《科學通報》上刊登了一篇文章，題目是〈三分角問題〉。

他說：「有些人所以還在花工夫研究這個問題，是由於不肯好好地學習別人已得的結果，亦沒有能分辨清楚一件事的『不可能』與『未解決』的意義的不同。」

他舉了個例子說：到月亮上面去，不是一件不可能的事，而是一件未解決的事。三分角的問題，也正是如此。用圓規和直尺有時能三等份一個角，例如這個角是九十度，但並不能三等份任意一角，這是件早有了證明的「不可能」的事，並不是「未解決」的事。

他寫這樣的通俗化的文章，舉出這樣的例子，其實就是希望數學研究不要去「鑽牛角尖」，用今天的話說，要盡量「接地氣」一些。

因為他懂得，在日常生活中，數學無處不在；對數學智慧、數學之美的運用與欣賞，也不應該僅僅成為數學家和數學研究者的「專利」。

華羅庚的另一本數學名著《數論導引》，出版於一九五七年，但其實早在一九四〇年他在西南聯大教書時就開始動筆寫了。他覺得，這本書必須盡早寫出來，可以供大學生和年輕的數學研究者、愛好者們用作研究數論的入門參考書。

這本書中收入了大量的第一次公開發表的研究結果，以及三角和方面的基本材料，還有華林問題、他利問題的研究等。

華羅庚在這本書的序言中說，在數學史上，數論的思想和方法影響著其他領域的發展。反過來，數論的問題，也能憑藉其他學科所用的方法而得到解決。他在大量的閱讀中發現，其他學科的入門參考書，並沒有正確地說明這些關係，還有一些「故步自封」的數論入門參考書，傳達給讀者的是一些並不正確的概念，甚至誤導讀者，讓讀者覺得似乎數論是一門孤立的學科。

所以，他應青年們的要求，出版了這本可供大家研究數論用的「入門參考書」。

這本書出版後，很快就在國際上引起了很大迴響。一位美國科學家在美國的《數學評論》上發表文章，評價說：「這是一本有價值的、重要的教科書，有點像哈代與拉伊特的《數論導引》，但在範圍上已超越了它。」這位美國數論家還特別稱讚了華羅庚這本書深入淺出、通俗易懂的清新筆法，認為這是一本獻給那些想研究數學的「最好的入門書」。

慧眼識英才

中國數學界一直傳頌著一樁美談，因而著名詩人、作家徐遲先生在他的報告文學名作《哥德巴赫猜想》裏讚美道：「熊慶來慧眼認羅庚，華羅庚睿目識景潤。」景潤，就是著名數學家陳景潤。

華羅庚培養起來的數學英才，當然不只是一個陳景潤。圍繞在華羅庚這顆巨星周圍熠熠發光的，還有王元、陸啟鏗、龔升、萬哲先、楊樂、張廣厚等一大批閃亮的數學新星。「熊慶來慧眼認羅庚」，我們在前面的章節已經講過，現在就來說說華羅庚是怎樣培養王元，如何「睿目識景潤」的。

一九五二年，在一個文藝晚會上，華羅庚見到了毛澤東。不久，毛澤東宴請了回國工作的一些著名科學家，華羅庚應邀參加，並坐在毛澤東旁邊。據華羅庚回憶，毛澤東對他說：「聽說你是金壇人，數學搞得很好，聽說你還是一個窮苦出身的人，希望你為我們培養出一些好的學生來。」華羅庚：「我一定努力，一定努力！」

從此以後，他在注重自己和數學研究所的研究工作的同時，也花費了大量心血，去為國家發現、培養和扶持年輕一代的數學人才。

後來成為著名數學家的王元、陳景潤等人的成長，都得力於華羅庚的發現和培養。

一九五二年的一天，浙江大學數學系畢業生王元帶著蘇步青、陳建功兩位教授寫的推薦信來拜訪華羅庚，懇請華羅庚收他為研究生。

王元從小就喜歡數學。他的父親王懋勤曾在國民政府的「中央研究院」工作，十分敬仰華羅庚，平時也常跟少年王元講述這位大數學家的傳奇經歷。因此，王元從少年時代就很崇拜華羅庚。

「你要好好用功啊，將來如有機會，就去拜華先生為師！」王元還在讀中學時，他的父親就這樣鼓勵他。

現在，王元已經大學畢業了。當他第一次站在華羅庚面前時，他覺得離自己少年時的夢想已經很近了。

但是，儘管有蘇步青、陳建功兩位數學家的推薦和介紹，華羅庚還是要考一下王元。

他請王元站到黑板前，問了一個王元壓根兒也不會想到的簡單問題：關於平面二次曲線的分類，也就是解析幾何中，將二次曲線變成標準型，怎樣用二行二列的矩陣寫出來。

王元一聽，頓時蒙了，低頭想了半天，也沒有寫出來。

「一個浙江大學的高材生，連中學學的東西都不記得了？」

「華先生，讓我再想想，再想想。」

王元急得額頭上冒出了汗珠。

「一定要記住呀，要學會獨立思考，學會聯想數學的一些內在關係。你是大學生，光懂得矩陣還不夠，還應該學會思考怎樣用大學數學的視角，來看待中學學過的東西呀！」

第一次見面，王元等於被華羅庚在黑板前「罰站」了兩個小時。最後，華羅庚溫和地說了句：「回去再想想吧。」

這次「罰站」，一下子就給年輕的王元來了個下馬威，把年輕人身上的傲氣給「殺」沒了，也讓王元感到了這位大數學家的嚴格與嚴謹。

王元拜師心切，當然也不會氣餒。

第二天，他把自己求出的結果報告，雙手交給了華羅庚。

華羅庚自然也心中有數，看也不看，就對王元說道：「這個已經不重要了，從今天起，你跟著我研究數論吧。」

從此，王元跟著華羅庚，開始攀登數論研究的高峰。

一九五六年，年輕的王元在那個世界著名難題「哥德巴赫猜想」的研究中，證明了「2＋3」，把「哥德巴赫猜想」的包圍圈縮小到接近於「1＋1」。

一九六二年，王元又和另一位數學家潘承洞一起，往前邁進了一大步，證明了「1＋4」。這個時候，華羅庚的得意弟子王元已經馳名國際數學界。

比王元稍晚來到華羅庚身邊，也是華羅庚一手培養出來的另一位數學英才，就是證明了「哥德巴赫猜想」難題中「1＋2」的陳景潤。

一九五六年的一天，華羅庚收到一封署名「陳景潤」的慕名者的來信，信中附有一篇關於「塔內問題」的數學論文。

華羅庚看完後，連連稱讚說：「這個陳景潤不簡單！不知他是幹什麼的。」

有人告訴他，這是個年輕人，從廈門大學數學系畢業後，被分配到北京四中教書。廈門大學校長，也是《資本論》的翻譯者王亞南先生很欣賞他，把他視為廈大培養出來的高材生之一。

可是，陳景潤因為不善於表達，講課效果並不好，因而北京四中向廈大的王校長提了一大堆意見。

王亞南校長愛惜人才，只好又讓陳景潤回到廈大，安排在圖書館當管理員。說是圖書管理員，其實是給陳景潤找了一個比較清靜的地方，好讓他專心研究數學。

陳景潤在圖書館裏，不僅把華羅庚的《堆壘素數論》和《數論導引》等專著都讀透了，還寫出了〈塔內問題〉這樣有獨特見解的論文。

陳景潤還向華羅庚提出，《堆壘素數論》中第五章的方法，還可以用來改進第四章的某些結果……

華羅庚讀了陳景潤的論文，一下子就發現了其中閃爍出來的奇光異彩。

「你去拜訪一下廈門大學，我們想想辦法，把這個陳景潤調到北京來！」他有點迫不及待地吩咐正要到南方出差的陸啟鏗說，「人才難得啊！」

就這樣，華羅庚向中科院提出建議，把陳景潤選調到數學研究所來當實習研究員。為了把陳景潤從廈大「挖」到北京來，華羅庚可是花了不少心思。結果總算成功了！

一九五七年的一個晴朗秋日，陳景潤提著簡易的行李，大步跨進了中科院數學研究所的大門。

許多年以後，陳景潤滿懷感激地說：「我是華先生第一個，也是最後一個『走後門』調來的年輕人！」

陳景潤來到華羅庚身邊，果然不負眾望。他歷盡了常人難以想像的艱難困苦，向著「哥德巴赫猜想」的險峰奮力攀登。

經過了一次次挫折和失敗，送走了無數個不眠不休的日日夜夜，也流下了不知道多少艱辛的汗水……

一九六六年五月，陳景潤在中科院出版的《科學通報》第十七期上發表了他最新的一篇論文，宣佈自己已經證明了「哥德巴赫猜想」的「1＋2」。

後來，國際數學界把陳景潤證明出來的定理稱為「陳氏定理」，讚譽他的論證把數學界古老的「篩法」推向了「光輝的頂點」。

一位英國數學家在寫給陳景潤的信中還說：「你移動了群山！」

然而，陳景潤不論走到哪裏，在什麼場合，總是又感激又自豪地對人說：「我的老師是華羅庚先生。」「沒有華先生，也許我還在原地踏步呢！」

「天才」的祕訣

在王元跟著華羅庚學習數論的日子裏，有一次，匈牙利科學院院士、著名數學家保爾・吐朗，應邀來到中國做了一場學術報告。

這是中華人民共和國成立後，第一位來中國訪問的歐洲數學家，他在報告中，對一個恆等式進行了證明。

華羅庚很清楚，保爾·吐朗講的這個恆等式，是我國清朝數學家李善蘭最先總結歸納出來的，但他未能證明。

後來，這個恆等式流傳到了國外。李善蘭，別號壬叔，所以國外也把這個恆等式命名為「李壬叔恆等式」。二十世紀三〇年代以來，它不斷引起國際數學界的興趣。國際數學界以李善蘭名字命名的還有「李善蘭數」、「李氏多項式三角形」等命題。

「你們都看到了吧？」等保爾·吐朗做完報告之後，華羅庚對王元等年輕的研究人員說：「這本來是我們中國的科學成果，結果我們自己做不出證明，現在讓人家外國的數學家給證明出來了。不知道你們坐在台下做何感想，反正我是有點坐不住了。中國有句古話，請你們記住啊，『知恥而後勇』！」

這番話，王元他們也牢牢地記在了心裏。

這天晚上，華羅庚一夜未眠。第二天清晨，華羅庚等人一起把匈牙利客人送到了火車站。

就在火車站裏，華羅庚遞給保爾·吐朗一份報告，那是他一夜未睡，趕在天亮前演算出來的一個證明「李壬叔恆等式」的新算式。這個算式，比保爾・吐朗的那個要漂亮和簡單得多。

二月杏花八月桂，三更燈火五更雞。

在帶著年輕的數學新星們做研究、攻難關的日子裏，華羅庚總是用自己的每一個行動，率先垂範，給年輕人樹立起勵志的榜樣。

只要是在他身邊工作過的年輕人，都有過這樣的記憶——有時候，天還未亮，大部份人還在香甜的睡夢中，已經早早起來工作了一段時間的華羅庚會來到年輕人的宿舍門口，像定時的鬧鐘一樣，一一敲門，催醒他們：「起來！起來！都快起來！」

年輕人都熟悉華先生的作息時間和習慣，因而他們無論夜晚工作到多晚，總是黎明即起，從不懈怠。

有一次，陸啟鏗從華羅庚這裏借走一本數學方面的書籍，翻開一看，發現書頁中間夾著不少黃土。

陸啟鏗一開始並沒有在意，抖掉了土，看完之後歸還，又借走了第二本、第三本。

可是，他發現幾乎每本書裏都夾著塵土。

陸啟鏗不解地問道：「華先生，您的藏書裏怎麼都夾了那麼多黃土呢？」

「哦，是嗎？」華羅庚笑而不答。

還是坐在一旁的師母吳筱元告訴了陸啟鏗事情的真相：原來，這些黃土都是在昆明躲空襲、鑽防空洞時留下的。

那時候，日本飛機三天兩頭來轟炸，華羅庚每次躲空襲、鑽防空洞時，都手不釋卷，只要一坐下來，就會爭分奪秒，讀上幾頁。炸彈爆炸時，會震得防空洞裏塵土飛揚，書上自然也會落滿塵土。每次華羅庚都是草草地抖一抖塵土，繼續閱讀……

這種手不釋卷、求知若渴、爭分奪秒勤奮學習的好習慣，是華羅庚從少年時代起，在頑強的自學過程中慢慢養成的，一輩子也沒有改變。

曾有人說他是一位天才數學家，為此他特意在《中國青年》上發表了一篇文章〈聰明在於學習，天才在於積累〉，向青少年們傳授了他的「天才」祕訣。

他說：「從我身上是找不到這種天才的痕跡的」，「所謂的天才就是靠堅持不斷的努力」。

他還向青年們介紹了自己學習數學的方法，明確表示反對死記硬背，贊成創造性的思維。

他舉例說：「一個學生在學習數學，他面前放了同一水準的微積分的書，他每天都讀，把每一道習題都做了好多遍。這是一種書獃子的學習方法。相反，學生應該選擇一本好書，並在一位有能力的教師指導下仔細地讀完它，然後讀更深一些的書。一個學生在具體指導下可以獲得數學的基本知識，並且同時開始研究。為了研究好，學生們就必須獨立思考，因為客觀世界總是在變化，科學工作也在不斷發展，這就要求常新的建設性的方法和創造性的勇氣。」

他也經常提醒學生們：「如果你的腦子裏沒有帶問號的問題了，那你就不是數學家了！」

跟隨在他身邊的年輕人，都熟悉他的一些從自身經歷中總結出來的「名言」：

「一個數學家，任何時候都應該動腦子想問題，哪怕是最容易的問題，也不要輕易地放過。」

「有老師指點你很好，但沒有老師指點也不要氣餒。人的一生，隨著老師走是短暫的，而獨闢蹊徑是主要的。」

「不要誇大『天份』，比『天份』重要得多的，是『勤奮』和『積累』，這是兩把成功的『鑰匙』。」

「學數學，要『拳不離手，曲不離口』，要經常鍛鍊，才能有收效。」

華羅庚也用自身的經歷，為青年們樹立了一個活生生的自學成才的典範。他一再對青年們強調：「不怕困難，刻苦學習，是我學好數學最主要的經驗。」

華羅庚在青年時代因為疾病，腿留下了殘疾，但他從未自卑過。他懂得，真正可怕的殘疾不是在肢體上，而是心靈和意志的不健全。所以，他在選拔學生、培養新人時，從來不在乎什麼身體上的殘疾。

有一次，他在廣州給中山大學的師生們做報告。聽講的學生中，有一個半身癱瘓、依靠雙柺走路的青年學生。

這個青年聽了華羅庚的報告很感動，心頭產生了一個強烈的願望：要是畢業後能分配到北京，能在華先生身邊做研究，該多麼幸福啊！

不過，這個年輕人低下頭看了看自己殘疾的雙腿，瞬間又自卑地打消了這個念頭。

但是他是多麼不甘心啊！要不，給華先生寫一封信試一試？

經過好幾個不眠之夜，這個年輕人最終鼓起勇氣，給華羅庚寫了一封信。信發走後，他一直惴惴不安地等待著。

不久，這個年輕人等到了華先生的來信，夢想成真了。安徒生筆下那個醜小鴨的童話故事，在這個年輕人身上變成了現實。

這個來到華羅庚身邊的幸運的年輕人，就是後來也成為著名數學家的陸啟鏗。

崇高的理想

大樹的懷抱是寬闊而溫暖的，無數的小鳥可以在這裏快樂地休憩、聚會、築巢，大樹會伸展蒼勁茂密的枝葉，為它們遮擋風霜雨雪。

大樹的愛是博大而慷慨的。那些綠草和野花，在大樹的綠蔭下自由地生長和盛開。到了秋天，大樹會將自己的落葉化作春泥，用作來年小草和野花們生長的養料。

難以想像，像華羅庚這樣名滿天下的數學大師，不僅悉心關注和培養王元、陸啟鏗、陳景潤這樣的數學俊彥，而且會經常俯下身來，與廣大中學生交流，讓他們認識數學，喜愛數學。

華羅庚經常參與和組織中學生的數學競賽活動。他深知，「少年強則國強，少年智則國智」。中國的未來，中華民族的希望，在一代代茁壯成長的青少年身上，他們真正像早晨八九點鐘的太陽一樣！

華羅庚對中學生數學競賽，從出試題到監考，再到批改試卷，都會親自參加，不遺餘力地去倡導和推動。有時候，他還會在百忙之中抽出寶貴的時間，在賽前給學生們做演講。

工作之餘，他還挑燈筆耕，為少年們編寫了好幾本淺顯易懂的數學科普讀物，如《從楊輝三角談起》、《從祖沖之的圓周率談起》、《從孫子的神奇妙算談起》和《數學歸納法》等。

很多中學生和青少年讀者是因為讀到了這些深入淺出、饒有趣味的數學科普讀物，從而對數學產生了強烈的興趣，進而產生了對古老的中華智慧與文明，對現代科學探索，對數理知識和其他自然知識的好奇與熱愛之心。

華羅庚認為，孩子們從中國古代的數學智慧裏獲得的，不僅僅是一些數學知識，還可以從中潛移默化地培養自己的民族自豪感、自信心和熱愛國家的崇高感情。

一九六二年春天的一個星期天，北京市八十多名高中數學競賽的獲獎者懷著激動的心情，來到了嚮往已久的中國科學技術大學，見到了他們心中的偶像——正在擔任這所大學副校長的華羅庚。

少年們興奮得像一群落在大樹懷抱裏的小鳥，嘰嘰喳喳，歡聲笑語，整個會議室裏熱氣騰騰，洋溢著蓬勃的青春氣息。

「華爺爺，請您給我們談談自學經驗吧！」

「華爺爺，請告訴我們，怎樣才能學好數學呢？」

「請問，您是怎樣學會獨立思考的？」

天真爛漫的少年們提出的問題一個接著一個，讓華羅庚應接不暇。

那天，華羅庚覺得自己好像也回到了少年時代，回到了當年纏著王維克老師問這問那的時光。

他鼓勵少年們說，學好數學，也像學習其他科學知識一樣，首先要樹立遠大的理想，要敢於探索別人沒有解決的問題，要做好長期吃苦的心理準備。

他告訴孩子們：「世界上哪裏會有平坦的、筆直的道路可走呢？求知識、做學問，都是漫長艱苦的過程，要學好數學，就得肯花力氣，甚至絞盡腦汁，刻苦鑽研，付出一般人不肯付出的代價。」

他向好奇的少年們分享了自己學數學的感受和經驗：要多做習題，練好基本功，尤其不要輕易丟掉和繞過任何有難度的練習題。假如碰到了解不出來的難題，也不要氣餒，暫時放下沒關係，只要不放棄，經過一番鑽研之後，總會解答出來的。那時候，你所獲得的快樂和成就感，也是別人無法獲得的。

那天，他還給孩子們打了個比方：古時候，人們想「修煉成仙」，一般會採用兩種方法：一個是自己苦修，另一個是吃到可以長生不老的「金丹神藥」。「你們想啊，世界上哪裏會有這種『金丹神藥』？所以，這後一種方法自然是荒唐的，不足為訓；但是前一種『苦修』精神，卻值得我們效仿。這種苦修精神，其實就是不怕困難，鍥而不捨，刻苦鑽研！」

最後，他和少年們一起，大聲背誦了馬克思的那句名言：

「在科學上沒有平坦的大道，只有不畏勞苦，沿著陡峭山路攀登的人，才有希望達到光輝的頂點。」

華羅庚把殷切的希望寄託在這些朝氣蓬勃的青少年身上，他自己在科學探索的道路上，更是不斷地朝著新的領域進發，奮力攀登著一個又一個艱險的高峰。

一九六四年初，他給毛澤東寫了一封信，還寄去自己寫的詩，表達了一個美好的願望：讓數學和祖國的工農業生產結合起來，為國家宏偉的建設事業服務。

同年三月十八日，毛澤東回信給他：「詩和信已經收讀。壯志凌雲，可喜可賀。」

經過一段時間的實踐和摸索，華羅庚發明了「統籌法」和「優選法」，這是在工農業生產中可以普遍應用的方法，不僅能提高生產效率，還可以提升和改進工作管理面貌。

於是，他用通俗易懂的文筆，寫成了《統籌方法平話及補充》和《優選法平話及其補充》兩本書，還一次次帶領中國科學技術大學的師生，深入田野、企業、礦山和工廠，去宣傳推廣，教大家怎樣應用這兩種方法。

一九六五年，毛澤東再次寫信祝賀和鼓勵他：「奮發有為，不為個人而為人民服務。」

中國有個成語叫「班門弄斧」，一般來說是帶有嘲諷性的，但是華羅庚的看法正好相反——弄斧就應該到班門！

他的意思是說：你想要耍斧頭，就要敢到班門去耍，敢到懂行的專家面前去耍。就像俗話說的「下棋找高手」，你要是找一個比自己棋藝還差的人，天天贏他的棋，那有什麼意思呢？

所以，在華羅庚身邊工作的人，都信服他講的這個道理：弄斧到班門，下棋找高手。

巨星的光焰

一九八〇年五月二十一日，七十歲的數學大師華羅庚，回到了久違的家鄉金壇。家鄉的父老鄉親和一千八百多名師生，用他們的愛戴和敬仰之心，為少小離鄉的遊子搭起了一座心靈上的「凱旋門」，熱情地迎接了這位數學王國的「巨人」。

這天下午三點鐘，華羅庚在眾人的簇擁下，走進了全金壇最大的會場，為家鄉近兩千名師生和父老鄉親做了一場演講。

他在演講中講述了自己從家鄉金壇開始起步，大半生所走過的漫長而曲折的奮鬥足跡，以及他心繫家鄉、報效國家的心路歷程。

他講得十分動情，不時地被一陣陣熱烈的掌聲打斷。

「我們的前途是光明的，我們的目的是能夠達到的，我們的『四化』是能夠實現的！」最後，他用這樣幾句鏗鏘有力的話語結束了演講。

會場上的氣氛就像被點燃了一樣，掌聲雷動，經久不息。

散會後，一大群朝氣蓬勃的少年擁進縣招待所，看望他們心中的科學家偶像和一直引以為傲的「前輩校友」。

少年們給華爺爺的胸前佩戴上了一枚金壇縣中學的校徽。

慈祥的華爺爺一一詢問他們的年齡，讀幾年級，是哪個鎮哪個村的人。

有位少年告訴華羅庚：「華爺爺，我是白塔鄉的人，我們那裏流傳著好多您刻苦學習的故事呢！」

「哦，是嗎？」華羅庚慈祥地笑著，告訴孩子們，「這次我回金壇，還路過了白塔鄉哪！從前，我家就住在原來城裏的清河橋旁邊，開了一個小鋪子……」

同學們回答：「我們都知道您小時候在小鋪子裏、在小閣樓上鑽研數學的故事！華爺爺，您是我們家鄉的驕傲，也是我們永遠的榜樣！」

「啊喲，這個爺爺可不敢當啊！」華羅庚輕輕愛撫著孩子們的肩頭，語重心長地說：「你們現在的年紀和我當年初中畢業時的年紀差不多，可你們現在的條件比我那個時候好多了。那時候，我想多找一點兒算草紙來做練習題都不容易。孩子們，你們一定要珍惜今天的幸福時光，好好學習，天天向上，將來好為家鄉爭光，為國家多做貢獻啊！」

最後，孩子們都依依不捨地離開了華爺爺的住處。

華羅庚因為工作繁忙，不能在故鄉久留，第二天就離開了金壇。

在離開金壇的時候，一個念頭悄悄閃過他的腦海：今生今世，我還能再回來嗎？

那一瞬間，他自己也不能做出肯定的回答。

五年之後，一九八五年六月三日，應日本亞洲學會的邀請，華羅庚帶著他的助手，前往日本訪問和講學。

在這之前，他患過兩次心肌梗塞，在這次訪問過程中，他多半時間是坐在輪椅上。

六月十二日，他應邀到東京大學，做一場學術報告。

下午四時，由日本數學會會長小松彥三郎陪同，華羅庚手拄枴杖，緩緩走進闊大的報告廳。會場上響起了熱烈的掌聲。

四時十二分演講開始。他離開了輪椅，堅持站著演講。

一開始他用中文講，由翻譯現場翻譯成日語。講到專門的數學問題時，他徵得了會議主席和聽眾們的同意，就操著流利的英語演講起來了。他講得很投入，口若懸河，激情飛揚，不時地贏得陣陣充滿敬意的掌聲。

他講得精彩，聽眾們也聽得如癡如醉。

流利而漂亮的英語，底氣十足的聲音，更重要的是，一位數學大師充沛的學術激情、嚴謹而精湛的論述，都讓日本的數學研究同行和大學生們為之傾倒。

講著，講著，他的額頭已是汗水涔涔。

他索性脫掉了西裝外套，然後又解掉了領帶。他的率真，也贏得了全場的讚賞。

原本預定四十五分鐘的演講，在徵求大家的意見後，又延長了二十分鐘，一共講了六十五分鐘。即使這樣，大家也仍然覺得意猶未盡。

他的演講在暴風雨般的掌聲中結束了。

最後，他說了一聲「謝謝大家」，便在掌聲中坐到了輪椅上。

這時，日本的一位女數學家白鳥富美子捧著一束漂亮的鮮花，向講台走去，要獻給華羅庚……

可是，就在這一瞬間，誰也沒有料到，華羅庚突然從輪椅上滑了下來。

他的助手，還有在場的中國教授和日本醫生，都驚叫著上去扶他。

他的眼睛緊閉著，臉色因為缺氧而呈現紫色——他已經完全失去了知覺。

雖然日本方面盡了最大的努力，但遺憾的是，最終也沒能挽救他的生命。

這天晚上十點零九分，東京大學醫院宣佈，華羅庚的心臟完全停止了跳動。

就像將軍死在戰場上，學者長眠在書房中，藝術家倒在舞台的投射燈下，一代數學大師華羅庚，就這樣倒在了自己的數學講台上。

有一次，他曾對身邊的同事說：「我最大的希望就是工作到生命的最後一刻。」人們說，他這句話，不幸成了讖語。

世界上還有比這更壯麗、更動人心魄的謝幕方式嗎？一顆巨星隕落了，但是，巨星的光焰卻騰空而起，照亮了整個天宇。

著名數學家貝特曼稱華羅庚是「中國的愛因斯坦」，認為他「足夠成為全世界所有著名科學院的院士」；大數學家哈貝斯坦讚譽華羅庚是「這個時代的國際數學家領袖之一」；數學家克拉達則認為華羅庚「完成了中國數學」。

數學家的生命結束了，但是，數學家的故事和精神，將永遠在中國乃至全世界流傳……

嗨！有趣的故事

華羅庚

責任編輯：苗　龍
裝幀設計：盧穎作
著　　者：徐　魯

出　　版：中華教育
　　　　　香港北角英皇道 499 號北角工業大廈一樓 B
電　　話：(852) 2137 2338
傳　　真：(852) 2713 8202
電子郵件：info@chunghwabook.com.hk
網　　址：http://www.chunghwabook.com.hk

發　　行：香港聯合書刊物流有限公司
　　　　　香港新界荃灣德士古道 220-248 號
電　　話：(852) 2150 2100
傳　　真：(852) 2407 3062
電子郵件：info@suplogistics.com.hk

版　　次：2020 年 11 月初版

規　　格：16 開（210mm × 148mm）
I S B N：978-988-8674-76-3

本書繁體中文版由接力出版社、黨建讀物出版社共同授權出版

Hi! Story · Hi! Story · Hi! Story